Vorwort

Ich habe Jahangir Dermani in der Straßenbahn kennen gelernt.
Er saß neben mir, eine Mappe auf den Knien, und seine Hand mit dem Stift fuhr
über das Papier. Ich bemerkte, er hielt eine der typischen Szenen fest, die man
als Fahrgast beobachten kann. Mit zügigem sicherem Strich charakterisierte er
die Personen vor sich, deutete mit ein paar markanten Linien die Kulisse an.
Und wir kamen ins Gespräch, denn auch ich war, wie er, regelmäßig in der
Straßenbahn oder im Bus unterwegs und interessierte mich für das Leben dort
und versuchte es darzustellen, aber nicht als Zeichner, sondern als Schreiber.
Wir trafen uns nun regelmäßig und hatten bald ein gemeinsames Projekt vor
Augen. Nämlich einige von den Bildern und Gedichten, die wir geschaffen
hatten, in einem Buch zusammenzufassen. Nicht nur, um als Künstler unsere
Arbeit der Öffentlichkeit zu zeigen, sondern weil wir auf diesem Wege das
Eigenartige, Faszinierende, das Besondere darstellen wollten, das einem täglich
in Bahnen und Bussen begegnet.
Ein Hoch auf die öffentlichen Verkehrsmittel! Keine Warterei im Stau, keine
Auto-Abgase, die die Luft verpesten, kein einsames beengtes Hocken morgens
und abends in der privaten Blechkiste.
Das Buch soll eine Anregung geben, wenn möglich das Auto zuhause zu lassen,
zumindest auf einem der vielen Park- und Ride-Plätze abzustellen. Um sich dann
umweltfreundlich fortzubewegen, ganz entspannt zu lesen oder Musik zu hören
und zwischendurch das Leben und Treiben um sich herum zu beobachten.
Oder eben auch in Kontakt mit Fahrgästen zu treten. Wie bei Jahangir Dermani
und mir.

Bert Brune
Jahangir Dermani

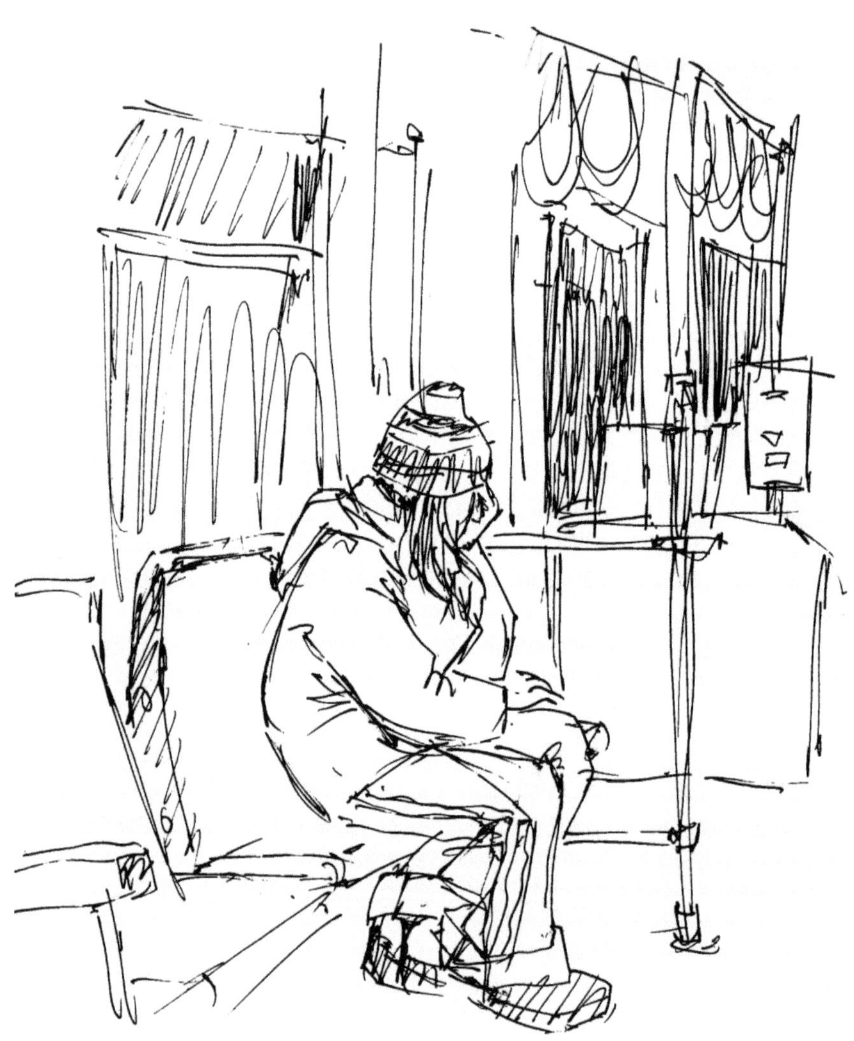

Freitagabend

Überall Kriege, Katastrophen, Unglücke
aber wenn man freitagabends in der
Strassenbahn sitzt
Richtung City fährt
den Duft schnuppert
und die schön geschminkten Gesichter sieht
die feingepflegten Hände beobachtet
ist dies alles vergessen.

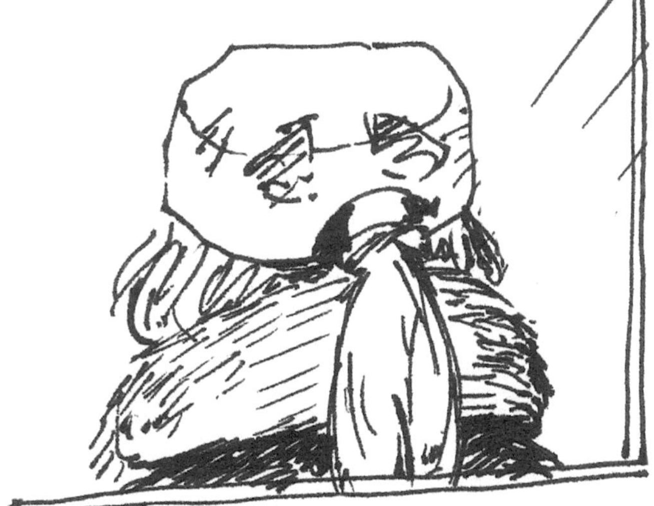

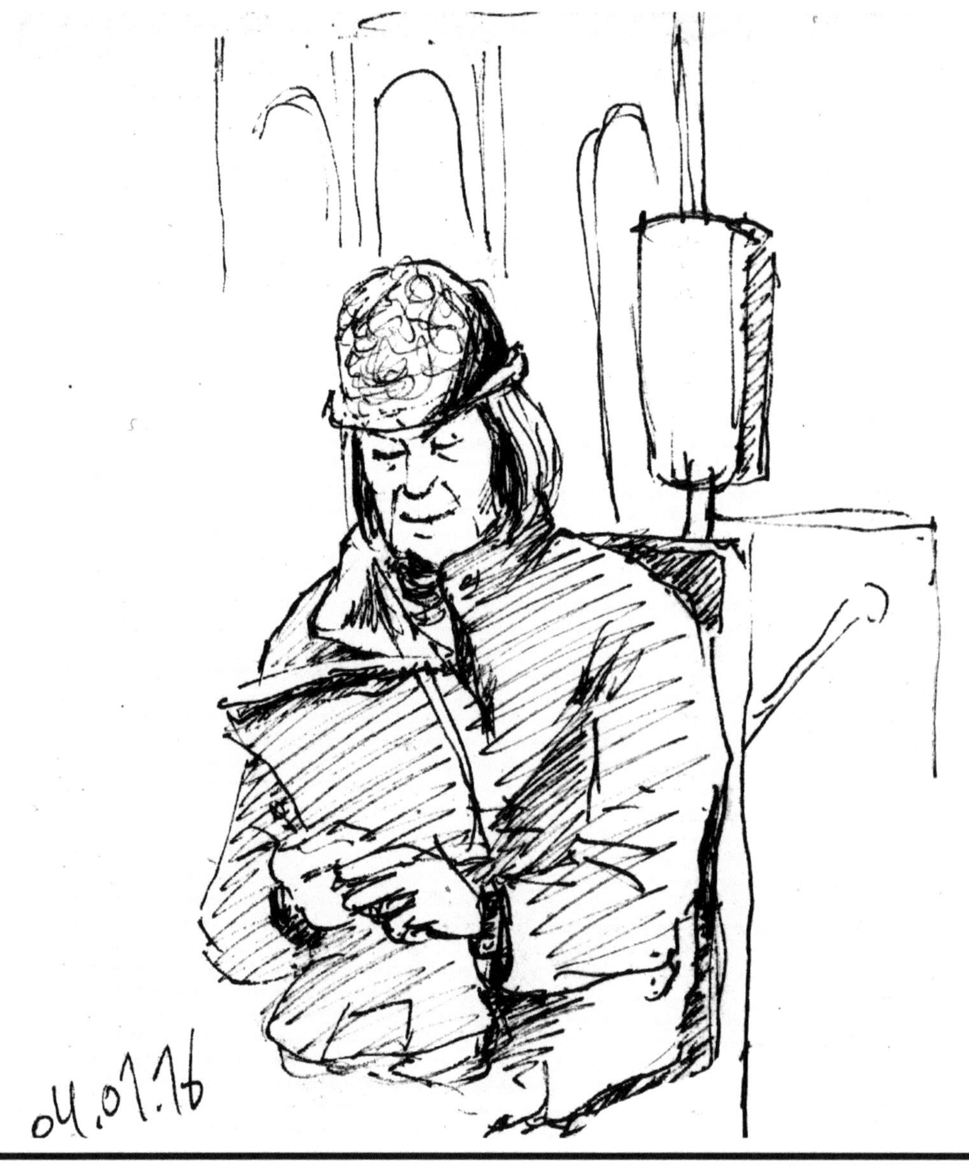

04.01.16

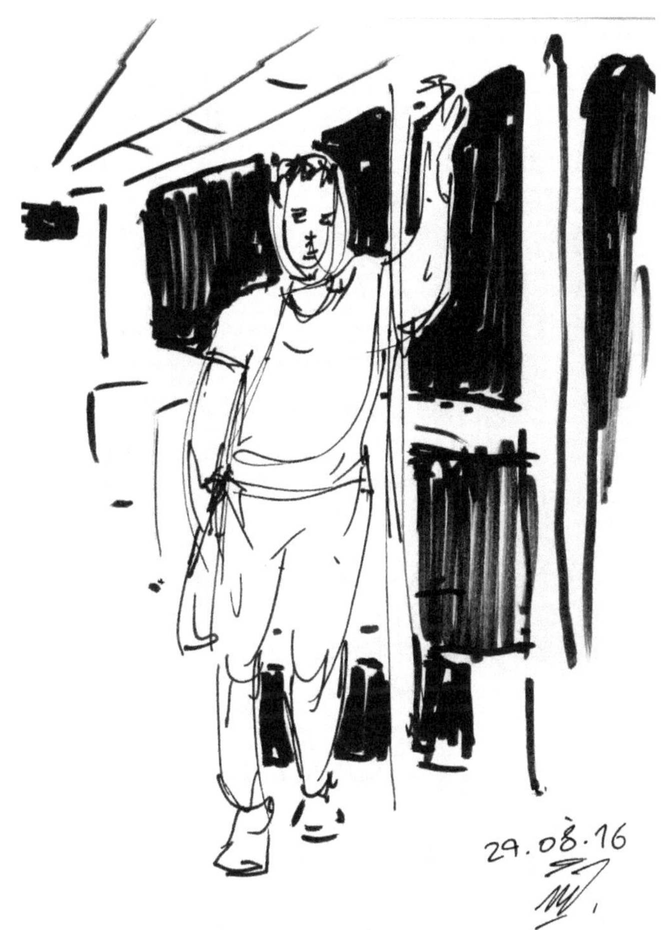

29.08.16

Das kleine Mädchen

Sass in der Bahn, und vor mir ein kleines Mädchen.
Das kleine Mädchen sah mich groß an
kniete neben der Oma auf dem Sitz
und sah mich über die Rückenlehne groß an.
Hatte Mandelaugen,
ich glaube, so bezeichnet man es
dunkle warme Augen,
ein offener Kinderblick
Kinder haben ja noch keine Angst,
sich ganz offen den Erwachsenen zu zeigen.
Ich grinste
und das Mädchen, erst ernst
lächelte, lachte dann
Lächelte mich 'ne ziemlich lange Zeit an.
Verstehe nun, was die Oma eben in Café sagte:
"Ich häng' so an meinem Enkel.
Als ich ihn gestern im Krankenhaus besuchte
und ihn so blass sah
er hat immer mit seinem Herzen Probleme
da bin ich umgefallen
musste selbst kurz behandelt werden.
Ich häng eben an meinem Enkel."

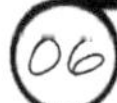

Keine Angst vor der Zukunft- nur Wärme
und Vertrauen auf das Leben.
Solche Momente sind der Grund
warum ich nicht gern mit meinem Auto in die Stadt
fahre

sondern mit der Straßenbahn.

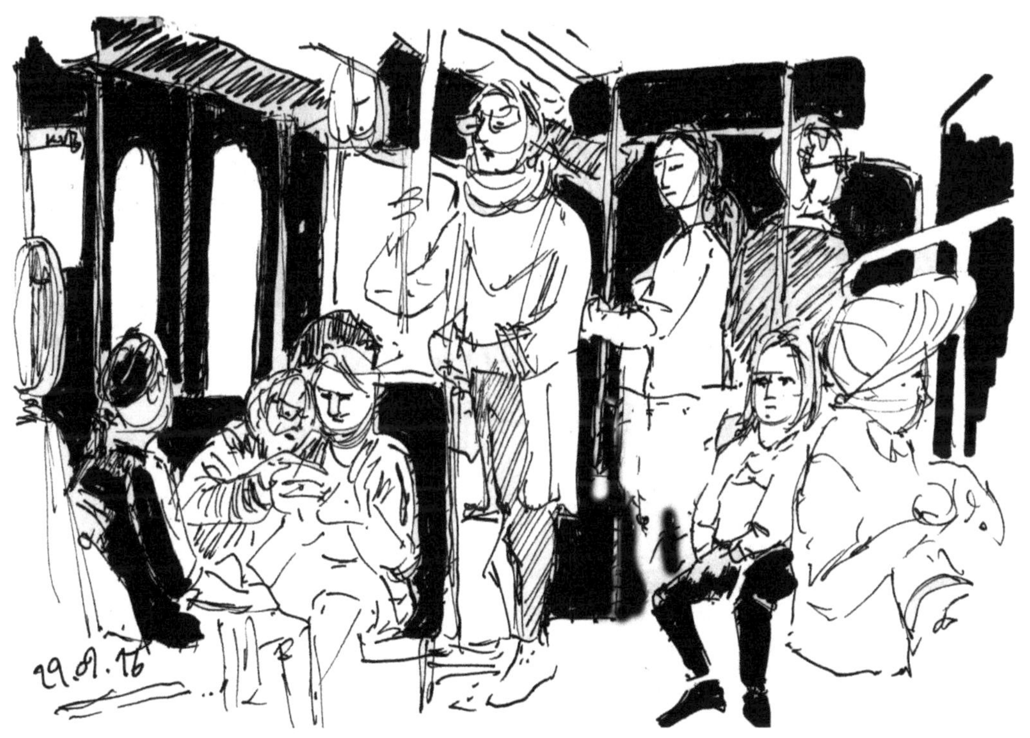

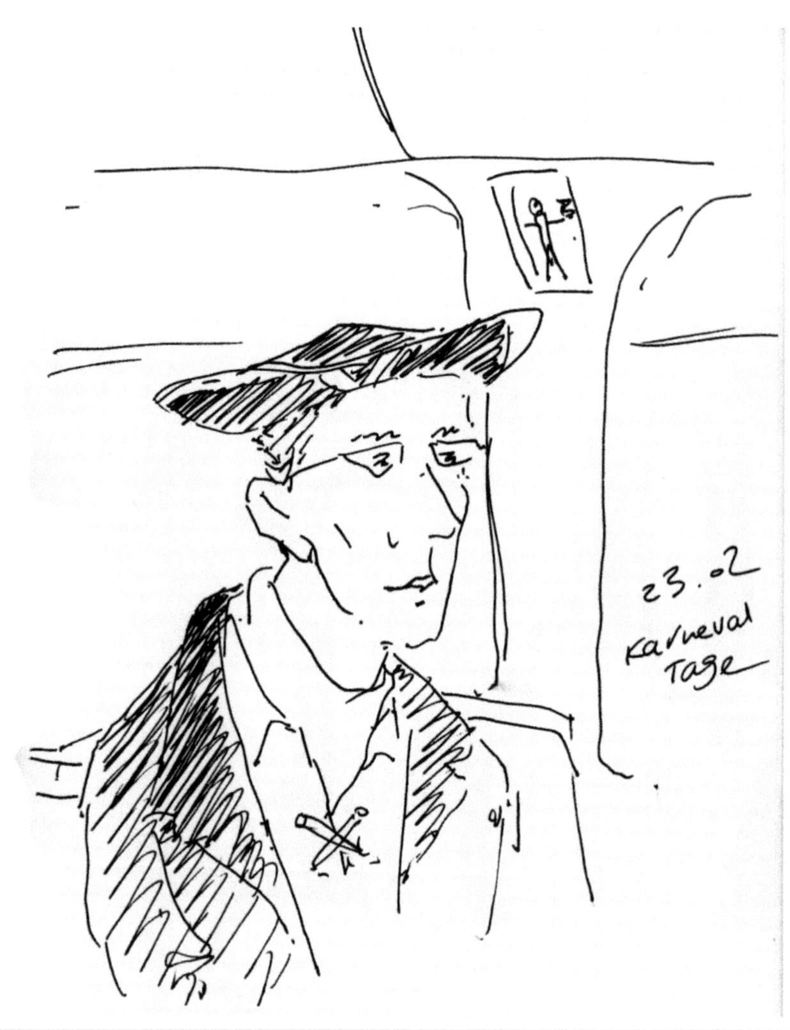

23.02
Karneval
Tage

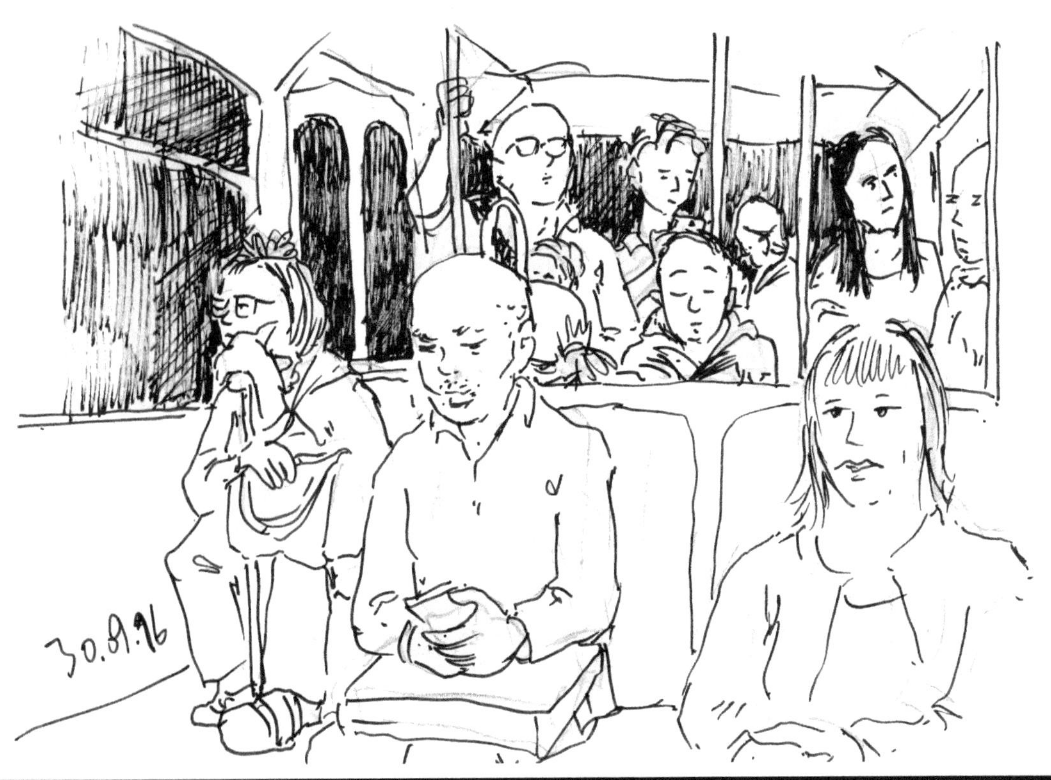
30.09.96

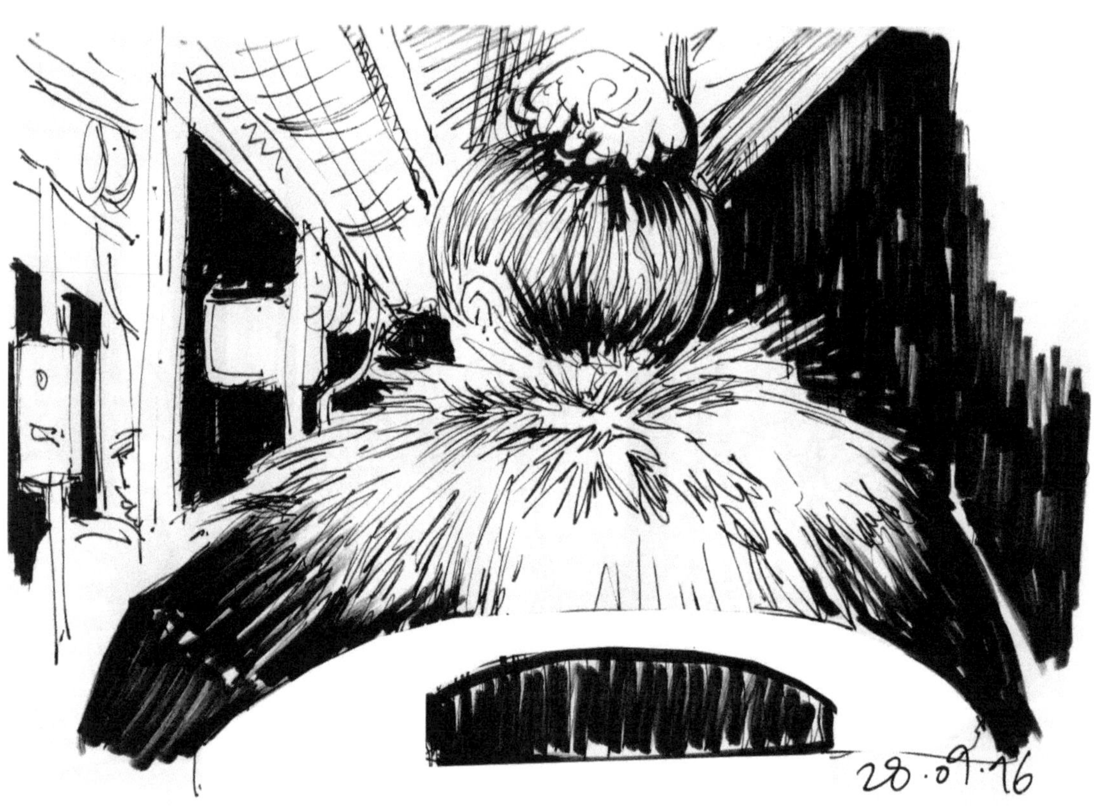

28.09.16

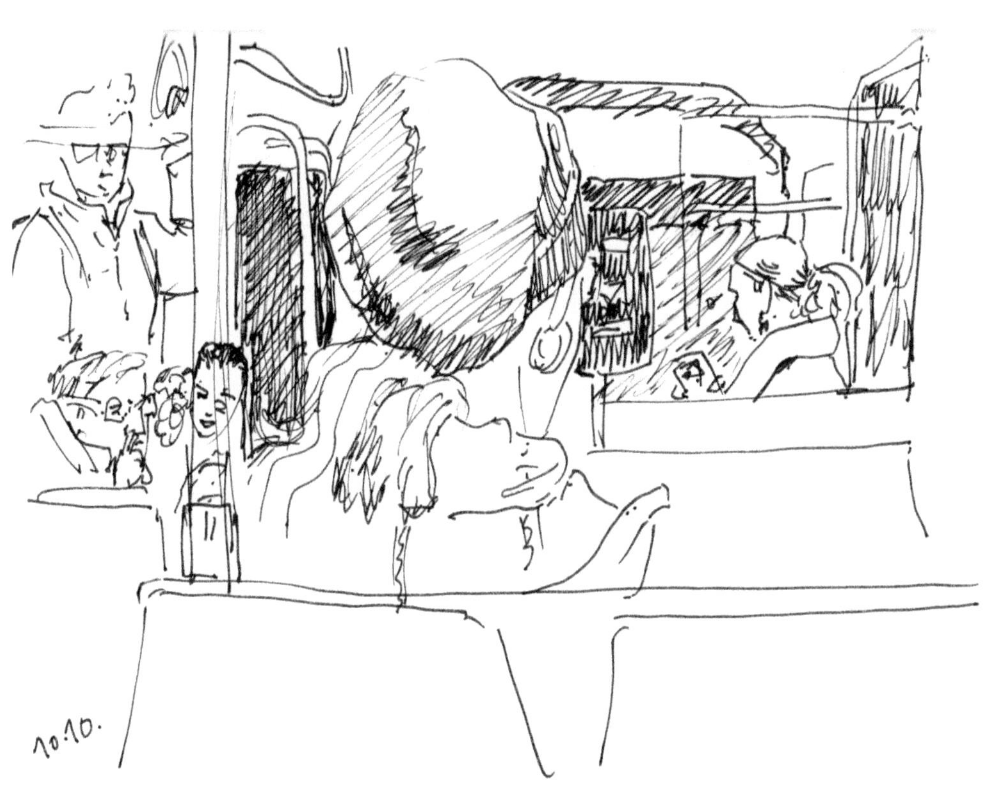

10.10.

Zwei Künstler

Zufällig Joe, den Maler, in der Straßenbahn getroffen.
Und wir unterhielten uns über Kunst und Kohle
dass man eigentlich 'nen Manager haben müsste
für die Organisation, die Ochsentour
um die Wege nach außen, zum Verkauf, zu ebnen.
"Manche", sagte Joe, "die bringen's auch so, ganz allein
andere machen gute Kunst
kommen aber das ganze Leben lang auf keinen grünen
Zweig."

Und wir beide in der Straßenbahn schweigen
und gucken aus dem Fenster
-zwei Künstler
die auf den grünen Zweig kommen wollen
aber die Kurve noch nicht gekriegt haben.

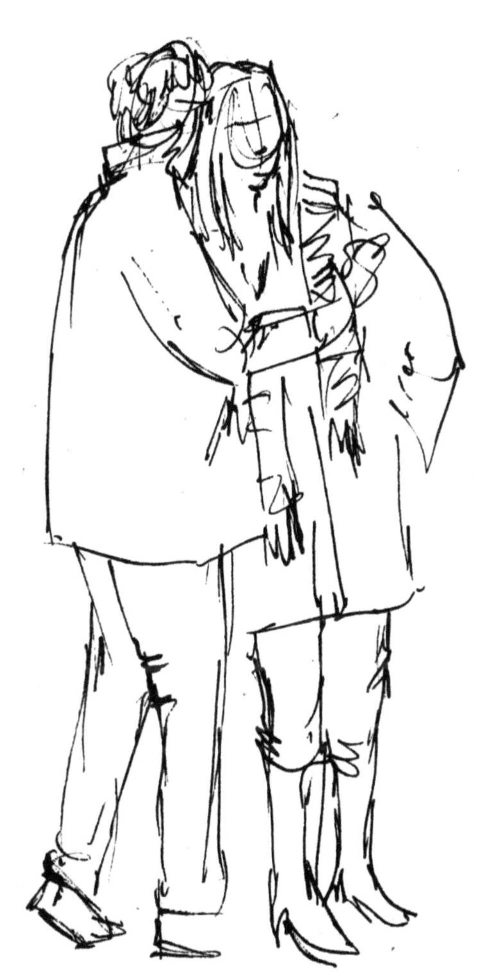

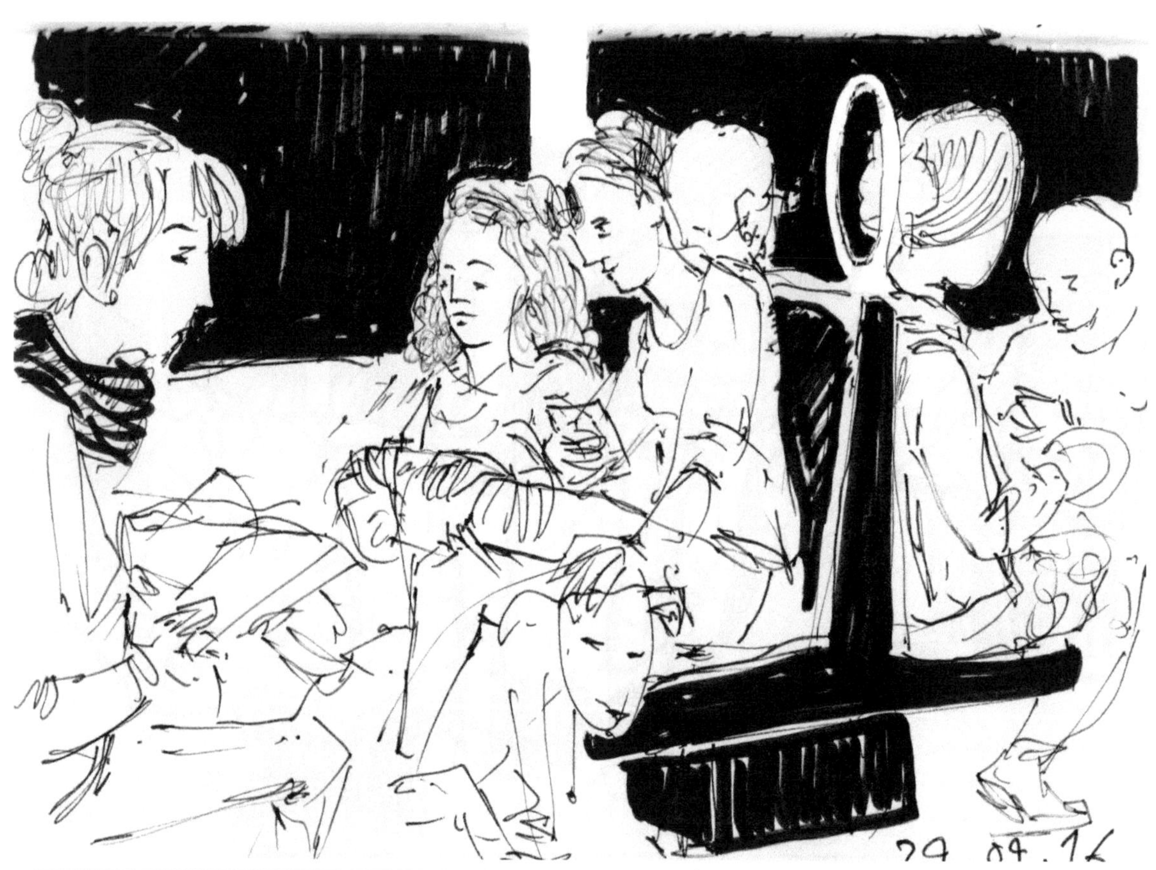
24.04.16

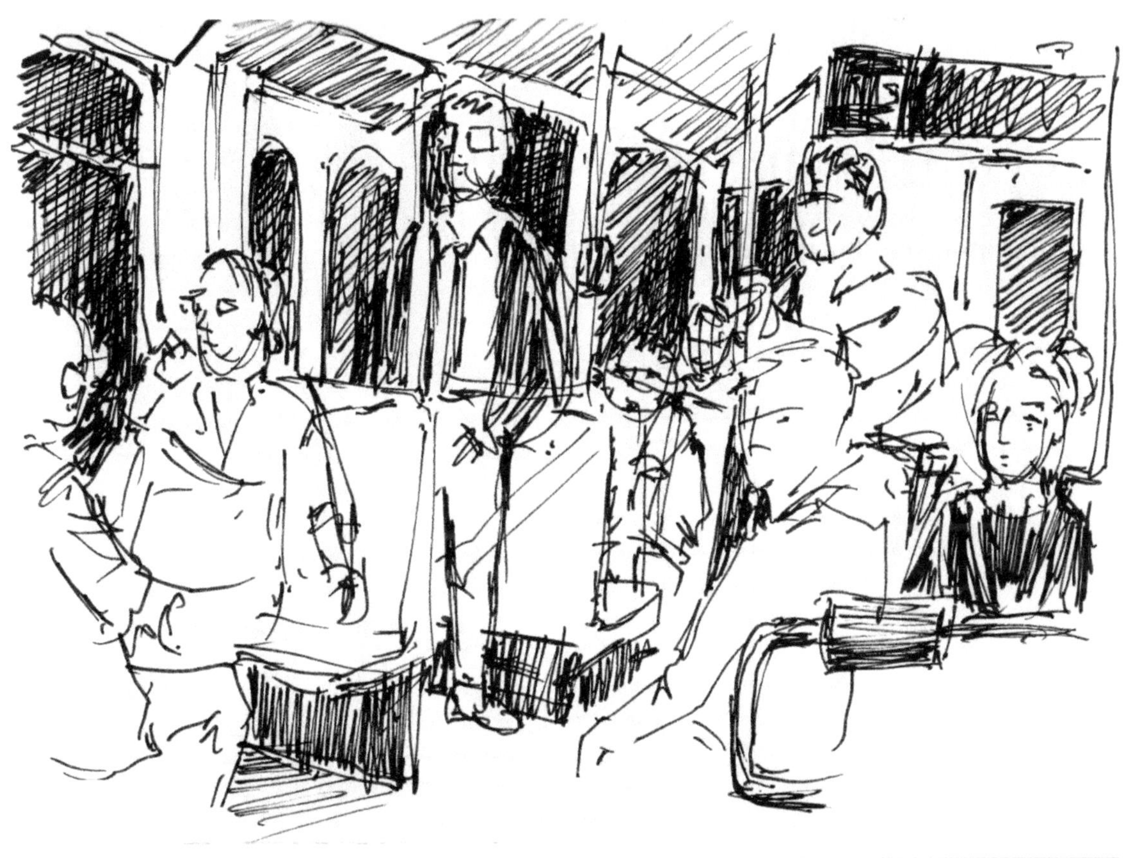

Überblick

Man steht einsam an der Haltestelle.
Nicht lange, da kommt die Bahn
da sind Leute, da ist Bewegung
da kann man rumgucken.
Und wenn sie voll ist, die Bahn
so schlimm ist das nicht
statt eingeklappt dazusitzen
steht man, hat den Überblick

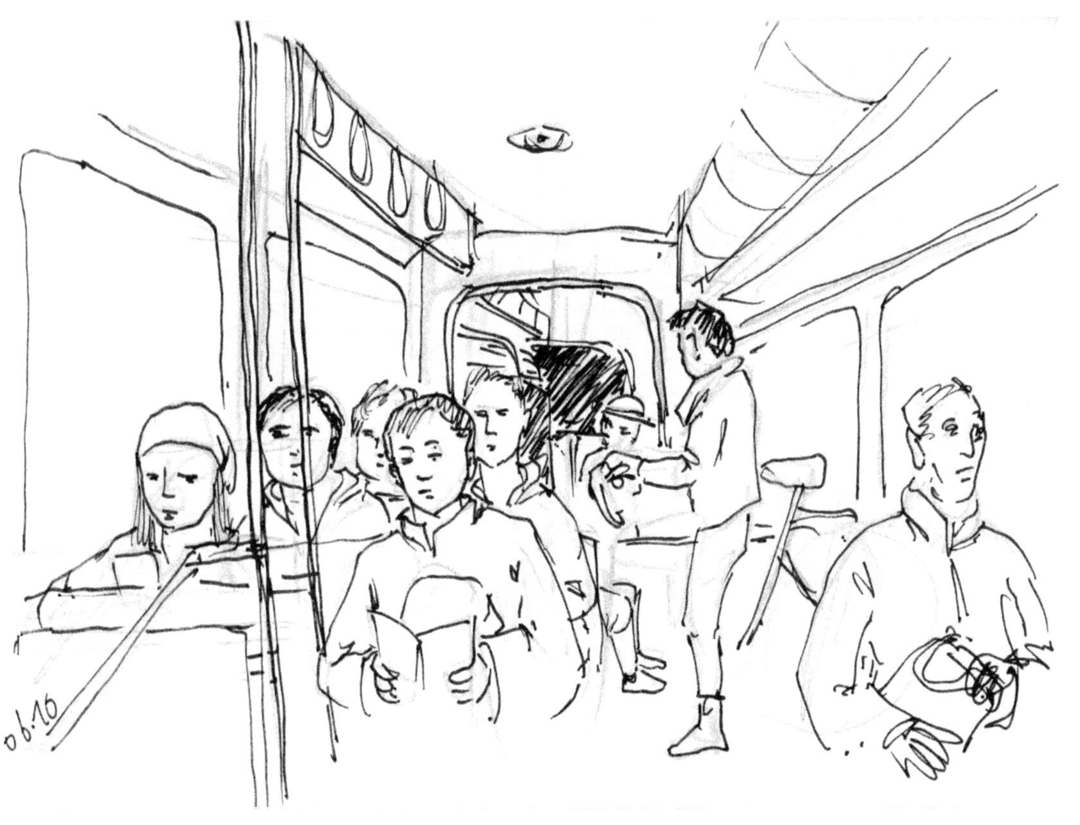

06.16

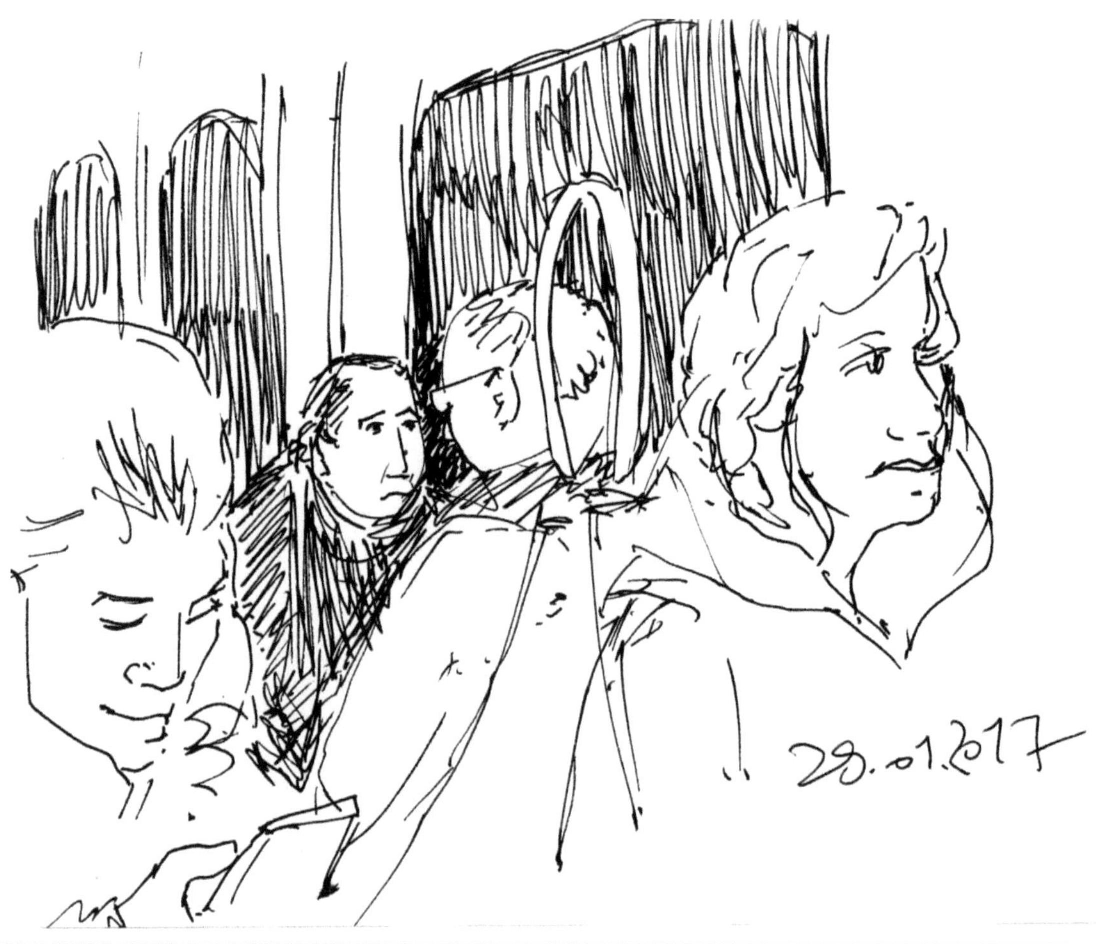

28.01.2017

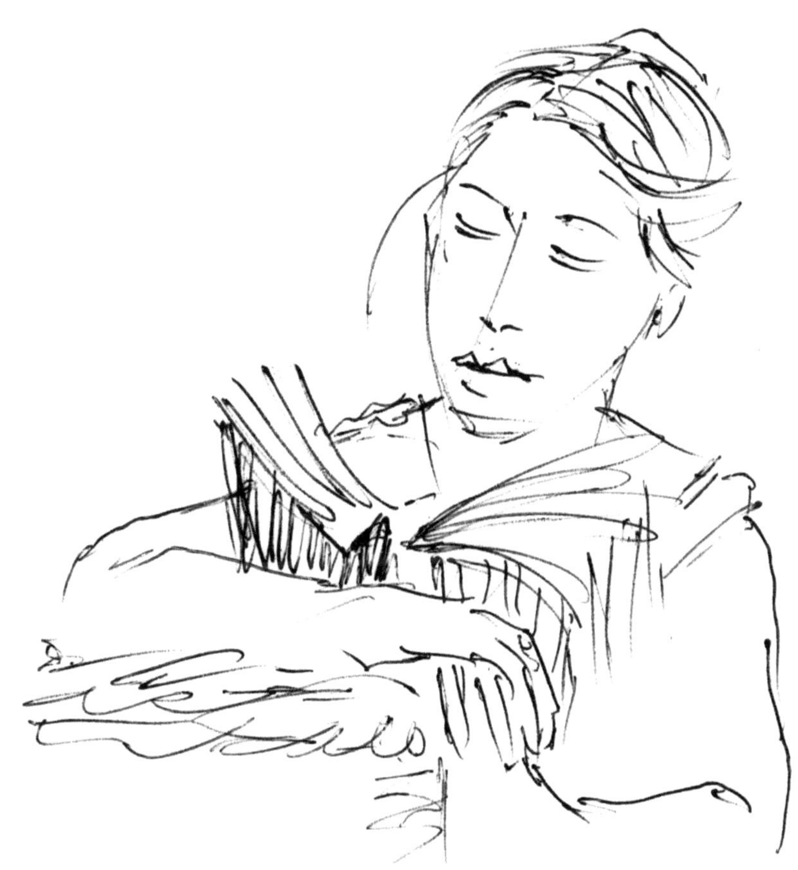

Mehr Frauen

Mehr Frauen in der Bahn.
Die Männer benutzen das Auto
wollen die Macher sein
alles selbst in die Hand nehmen.
Die Frauen lassen sich führen
lehnen sich zurück
vertrauen den öffentlichen
                    Verkehrsmitteln.
Gut fürs Portemonnaie
(Auto kostet mächtig)
gut für die eigene Gesundheit
gut für die Umwelt.

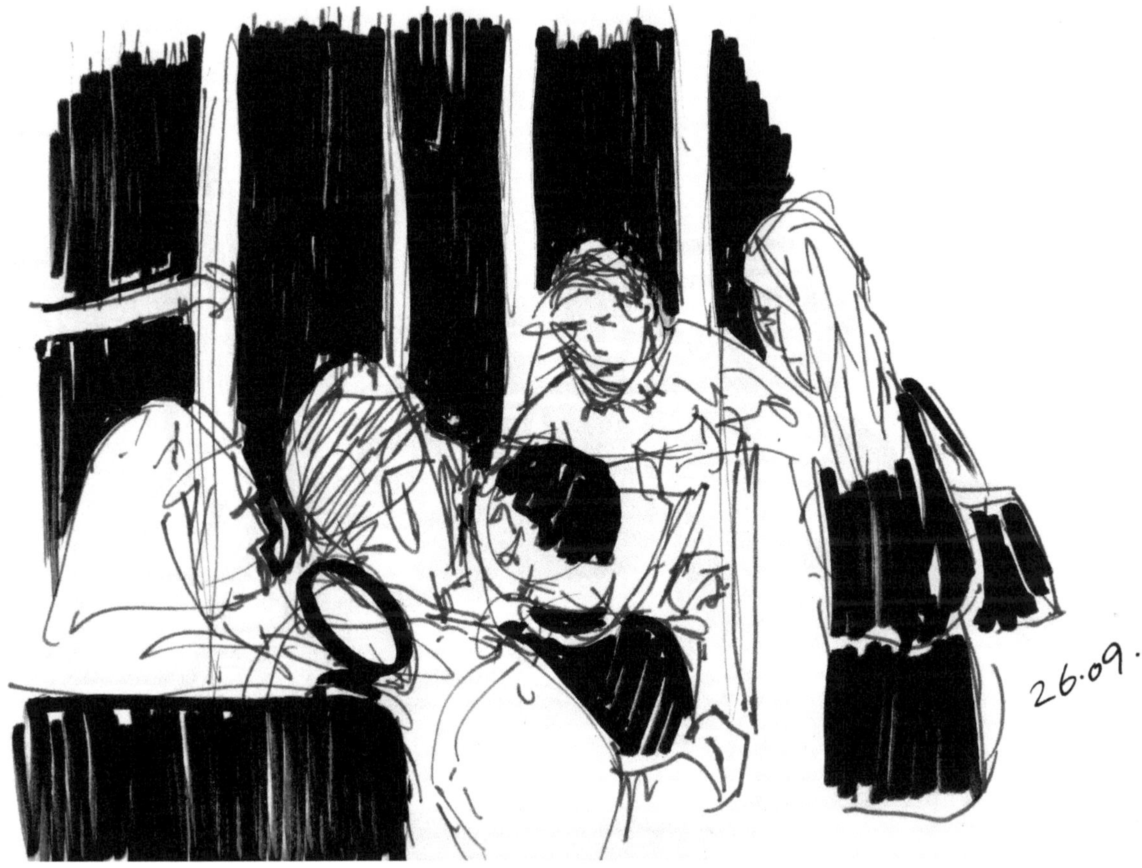
26.09.

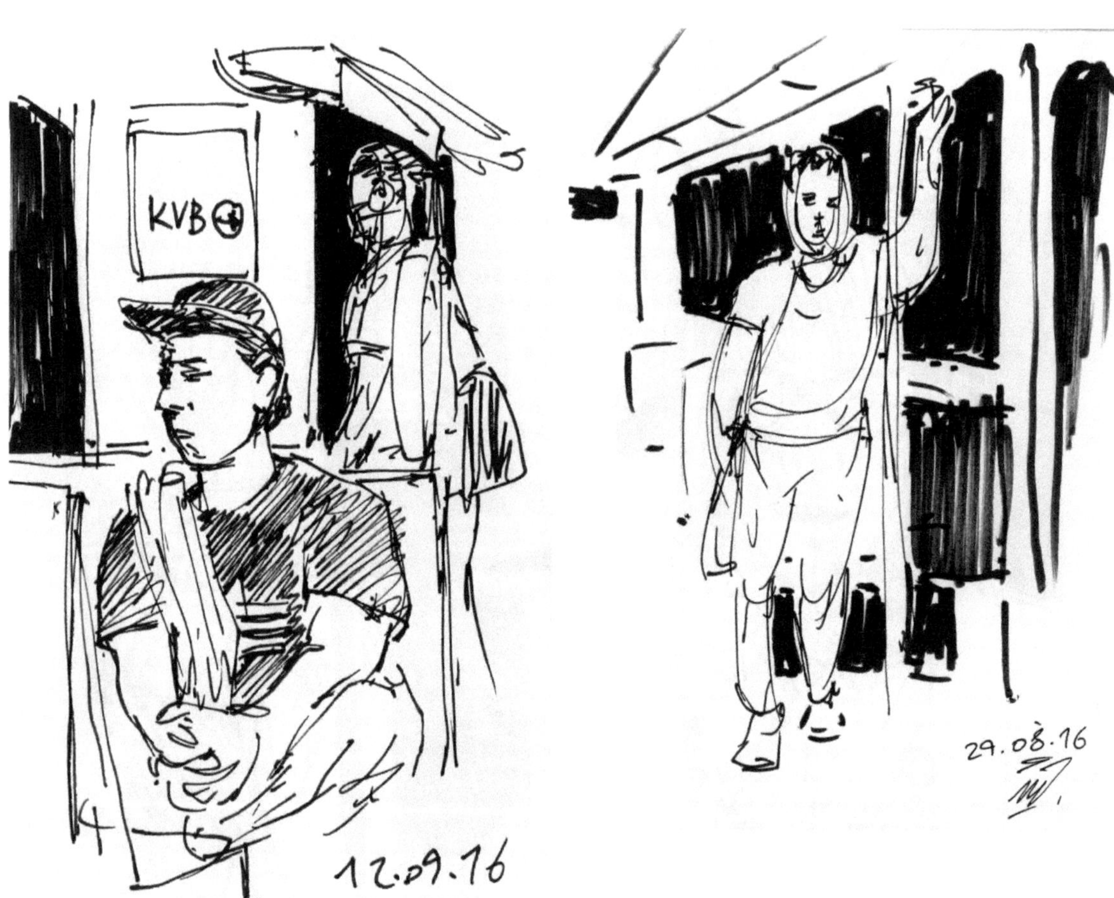

KVB
12.09.16
29.08.16

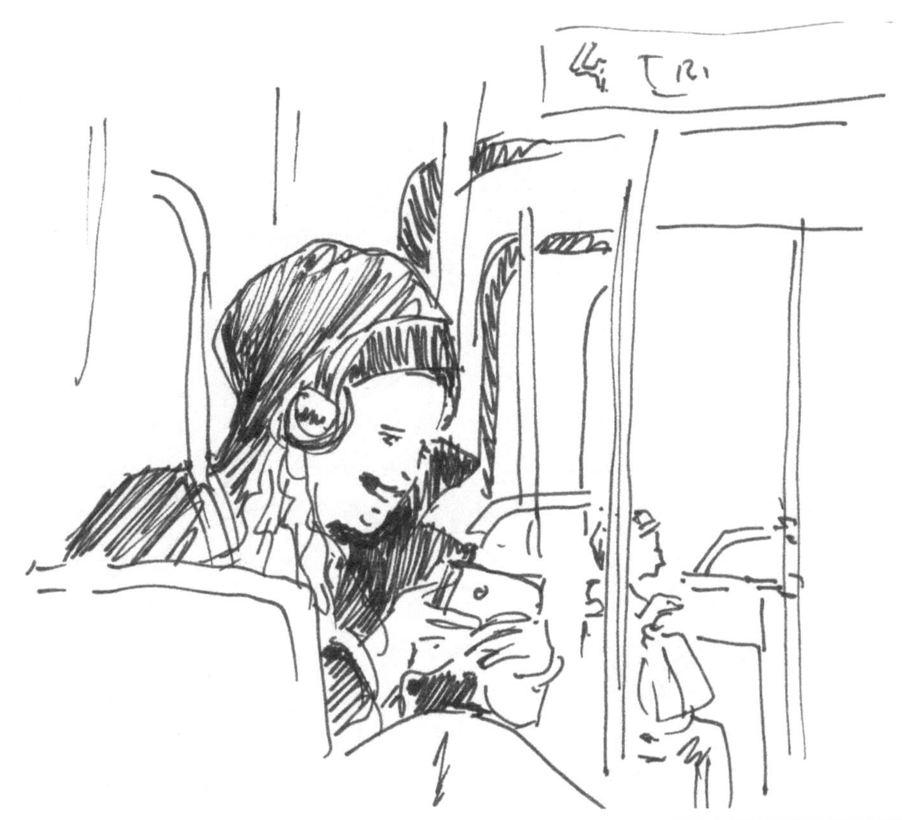

23

Diese Asiatin

Diese Asiatin in der Bahn.
Zierlich aber welche Eleganz!
Der weiße Schal über den glänzenden glatten
                              schwarzen Haaren
der körperbetonte Schnitt des Mantels
die hohen Absätze an den schlanken Stiefeln.
" Hast du das gesehen?"
Das sagte Gaby, als wir ausstiegen.
Ich hatte es auch gesehen:
Schönheit im Alltag.

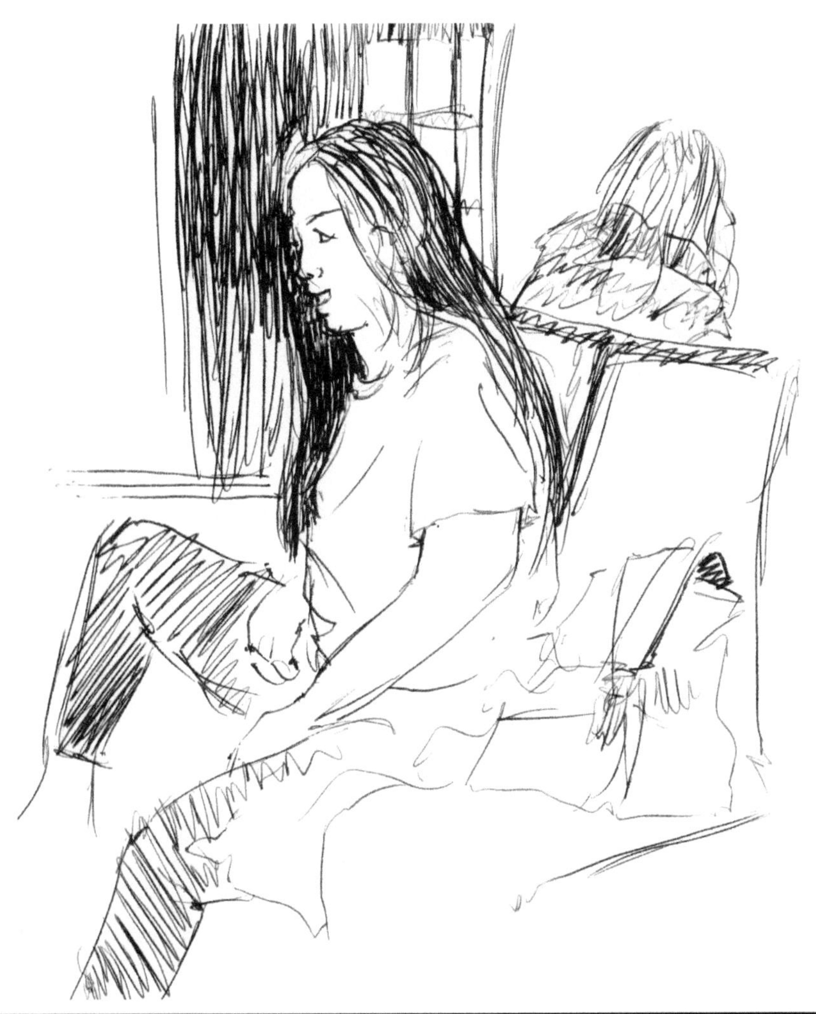

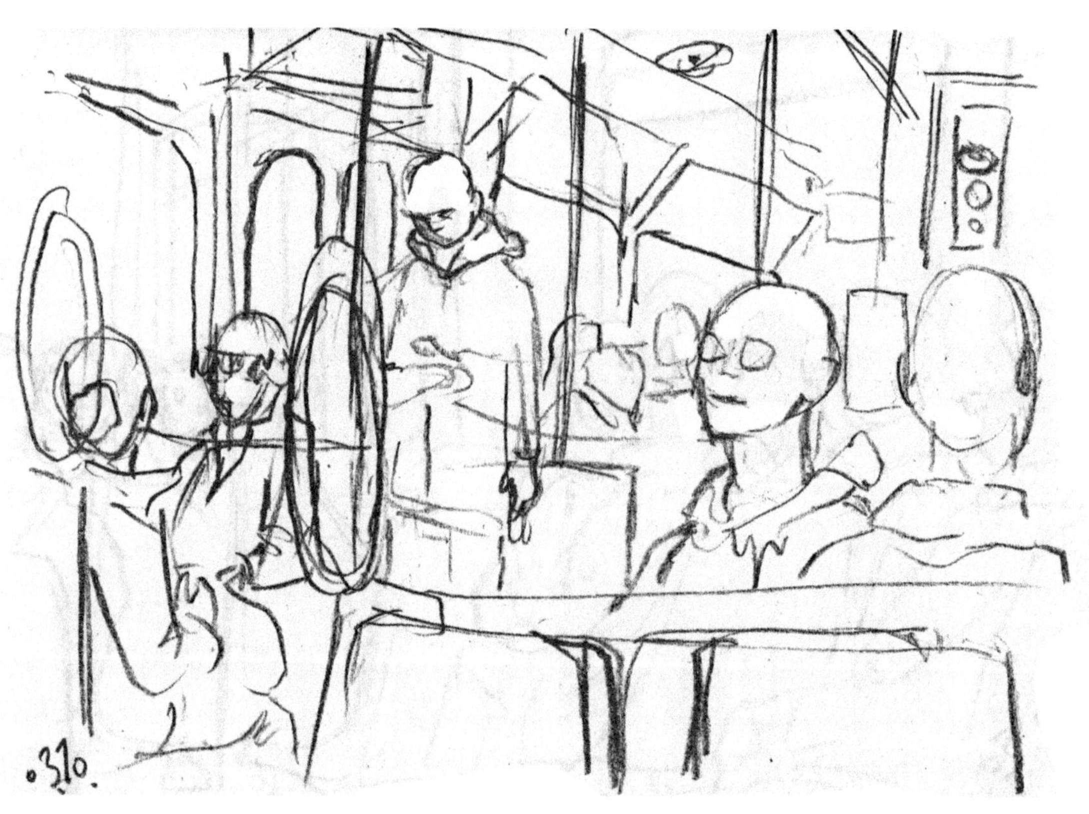

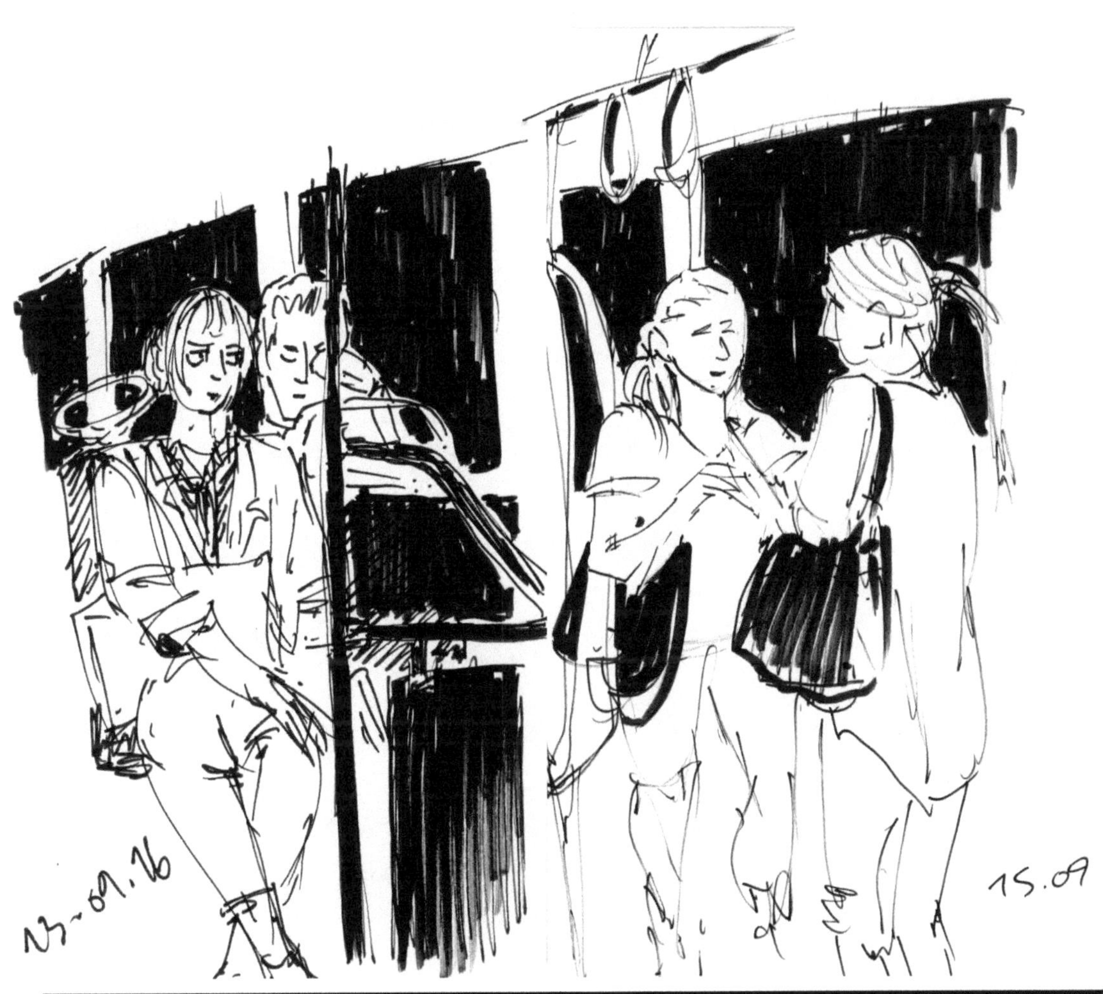

03-09.16

15.09

Schönheit

Große dunkle Augen
einen optimistischen Blick aus dem Fenster auf
die Straße.
In der Bahn kann man ungestört die Schönheit
des Lebens registrieren
und würdigen.

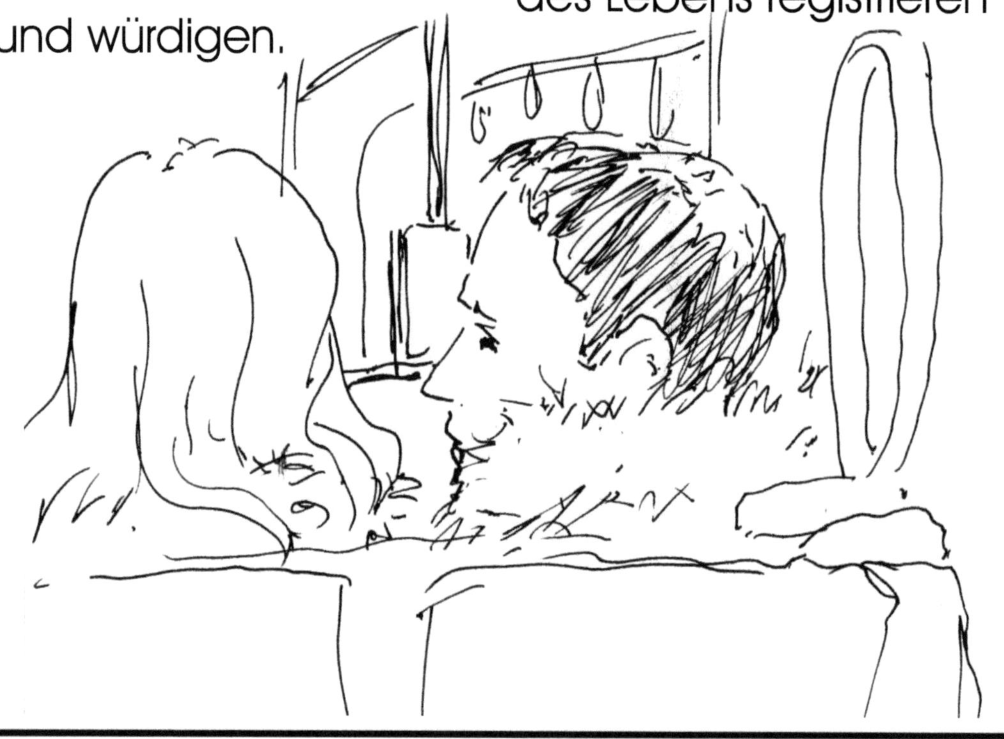

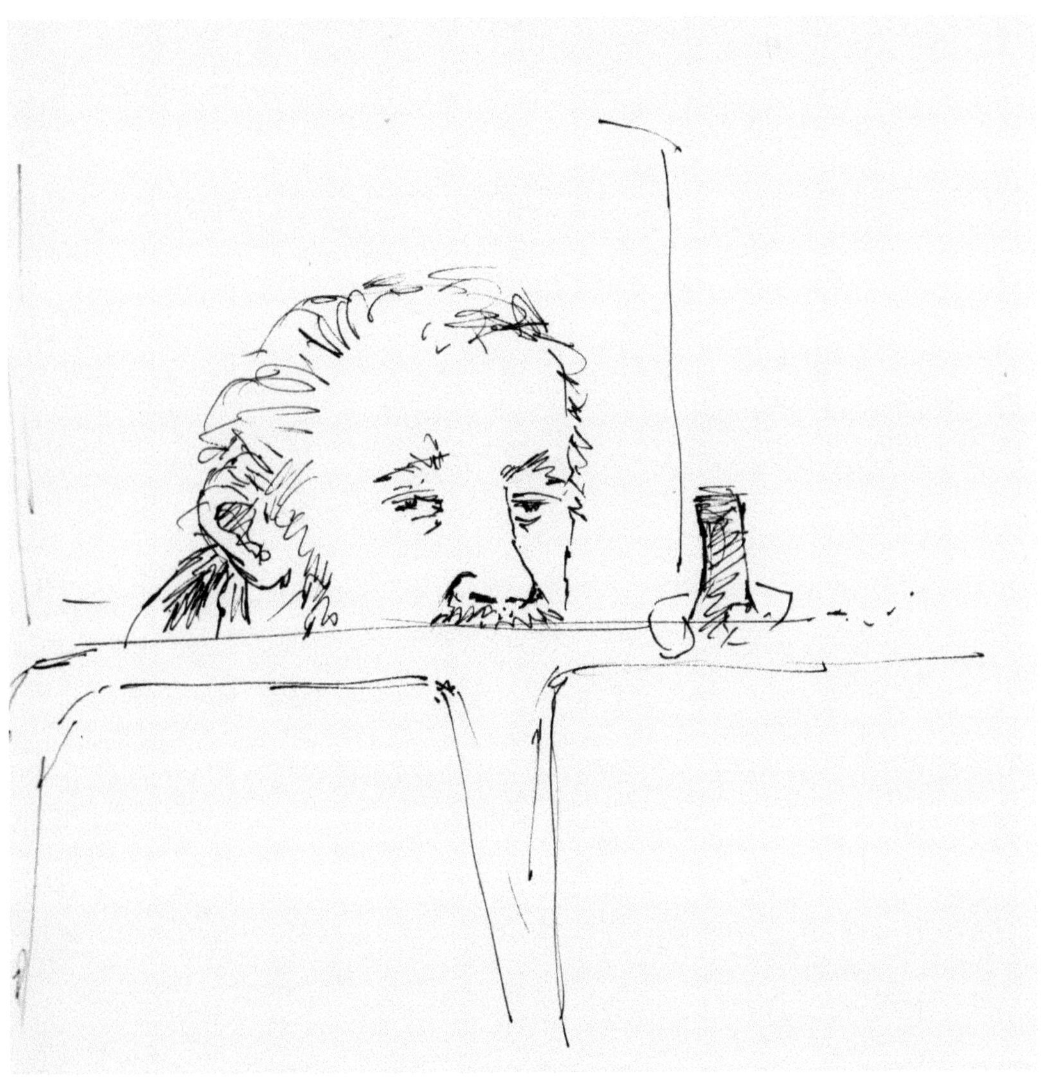

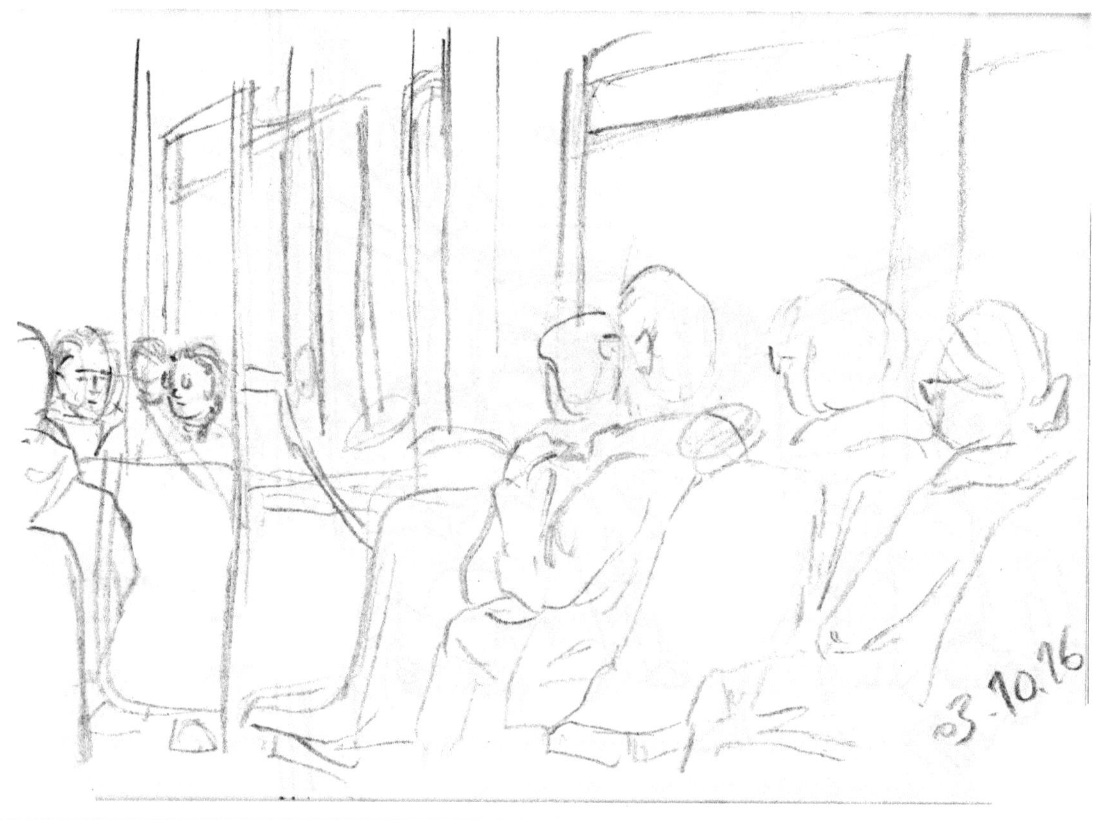

3·10·16

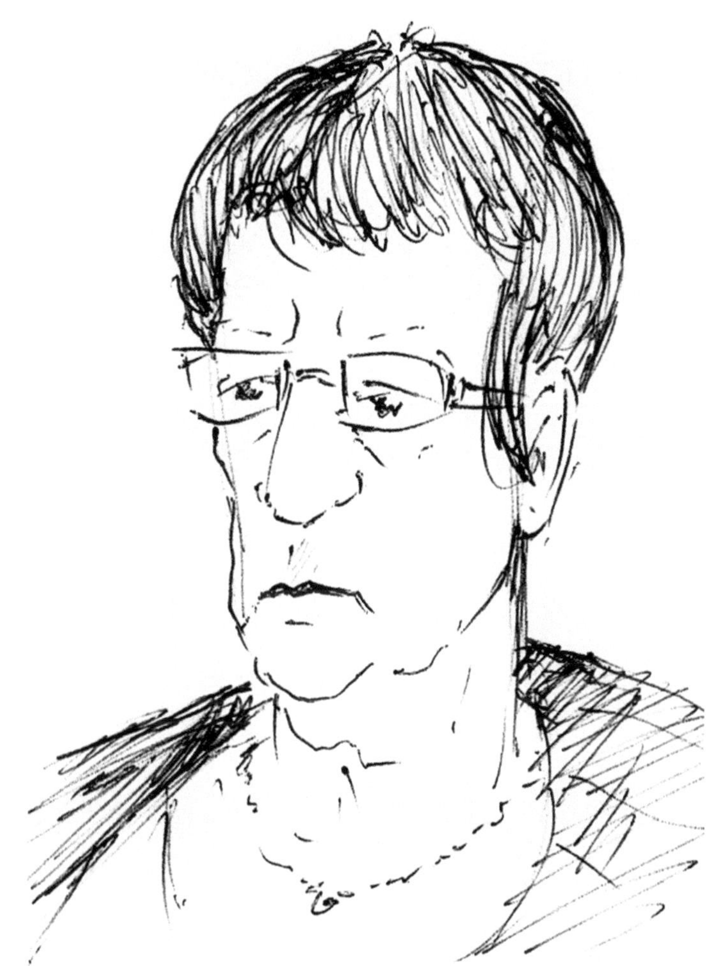

Glattes Glas

Fast alle Leute um mich her gucken auf ihr
Handy

sie machen Spielchen
oder eignen sich Wissenswertes an
oder treten mit Bekannten in Kontakt.
Ich aber gucke aus dem Fenster
sehe die Welt
sehe die Fahrgäste
alle Nationalitäten, unterschiedliches Outfit.
Statt bloß auf glattem Glas mit dem Finger
herumzuwischen,

Fühle ich
rieche ich
träume.

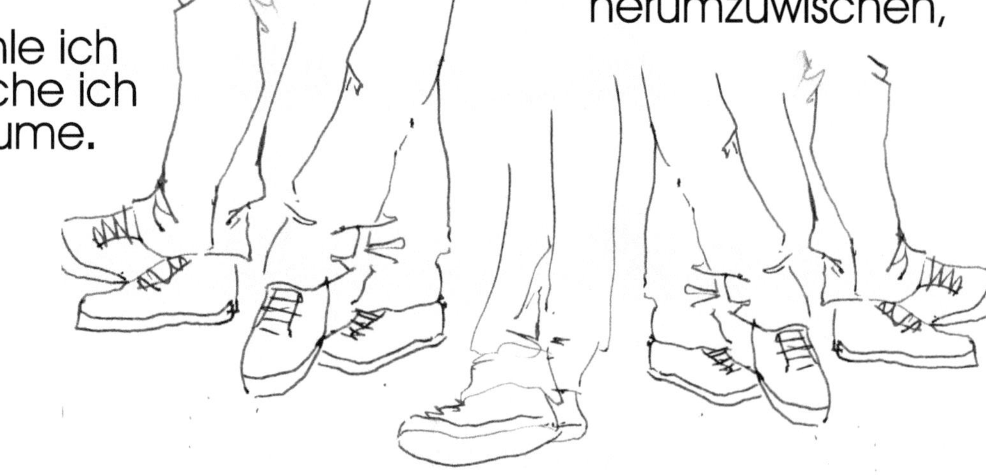

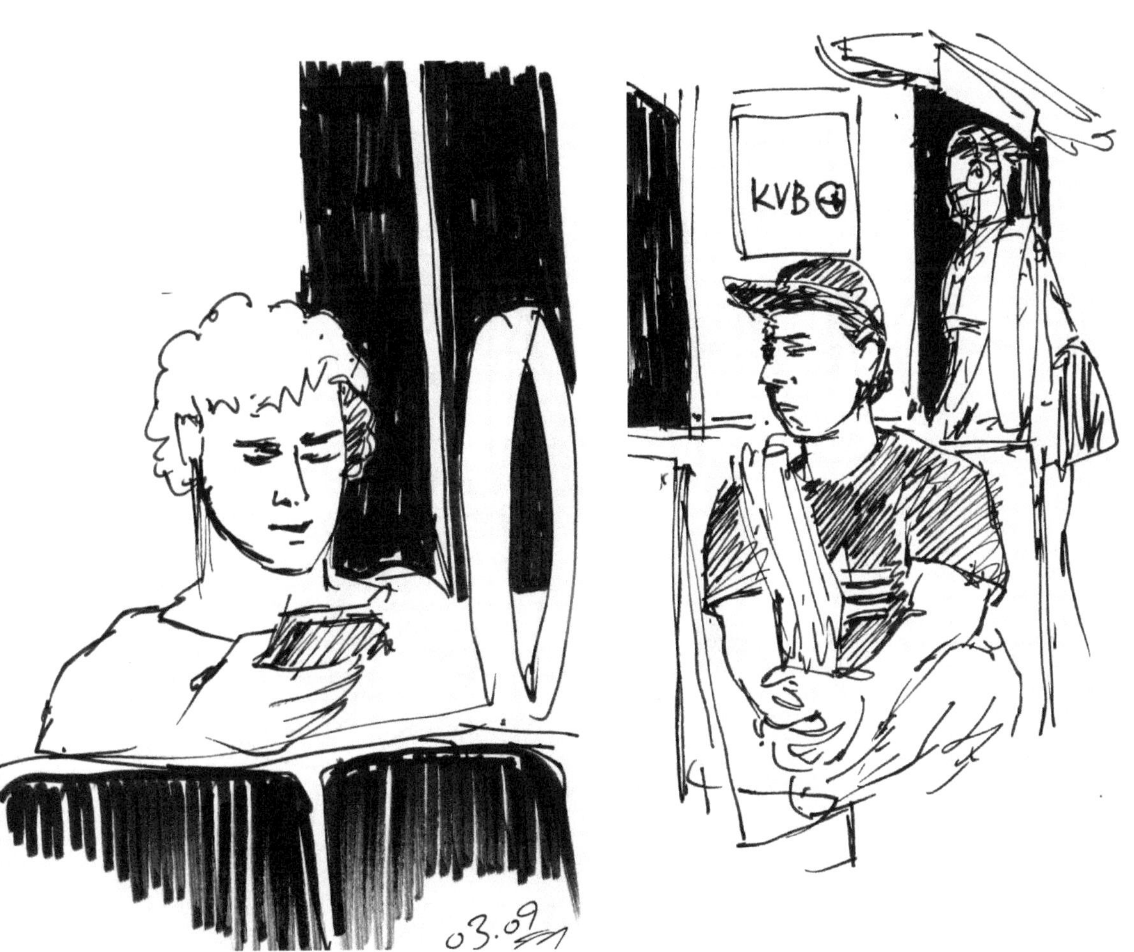

KVB
03.09

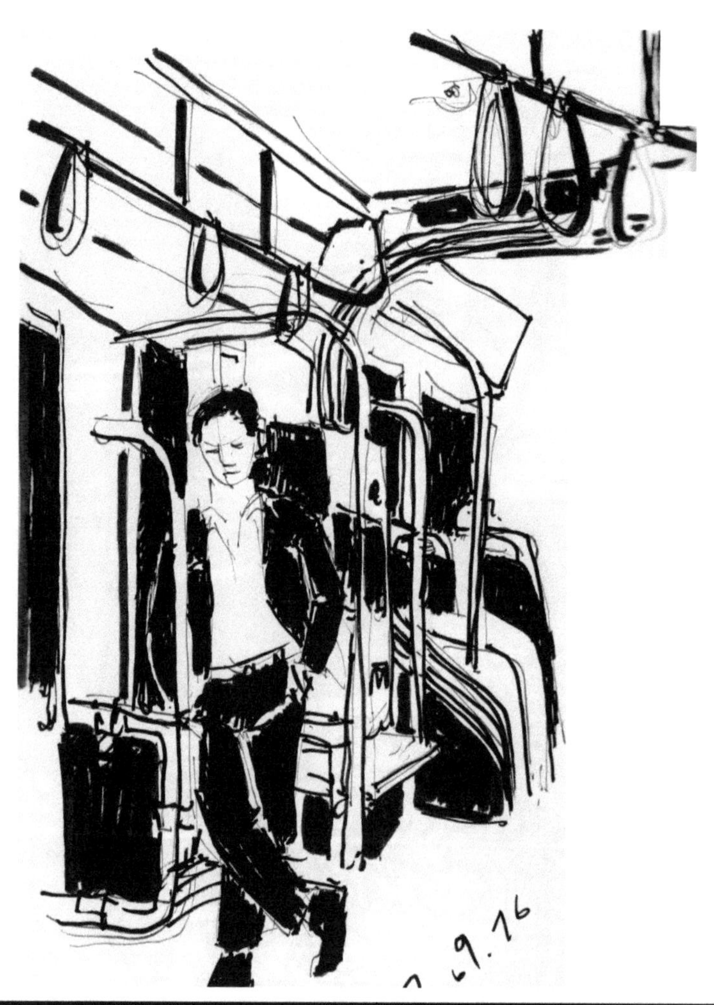

7.9.16

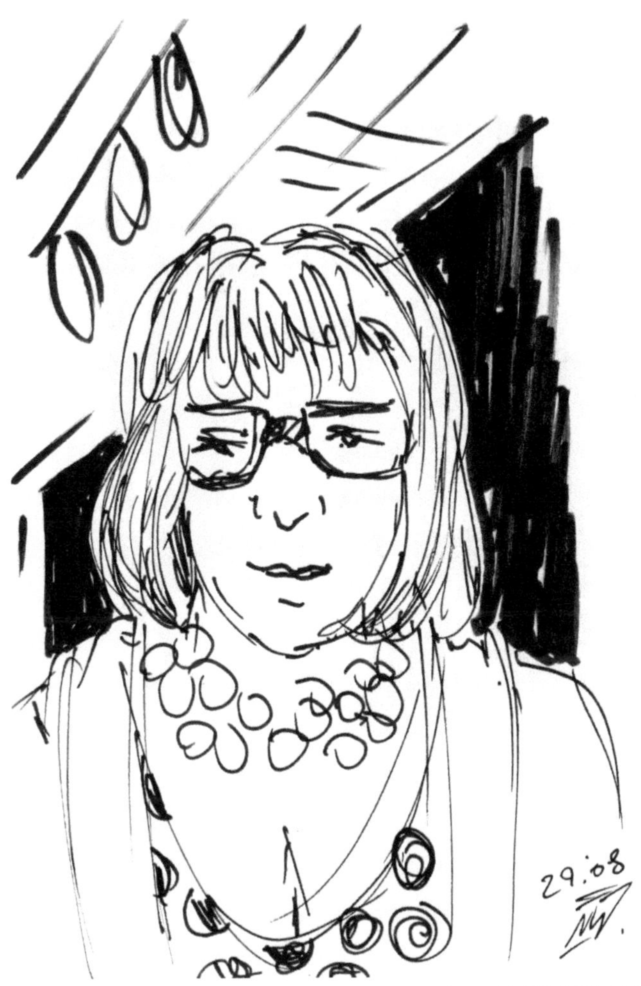29:08

Ein Vorteil

Kein Sitzplatz
-kann von Vorteil sein.
Schnieft einer neben dir
verstreut Erkältungsviren
kann man sich als Steher locker einen anderen
Platz suchen

ein Sitzer ist da gehemmter.

17.01.17

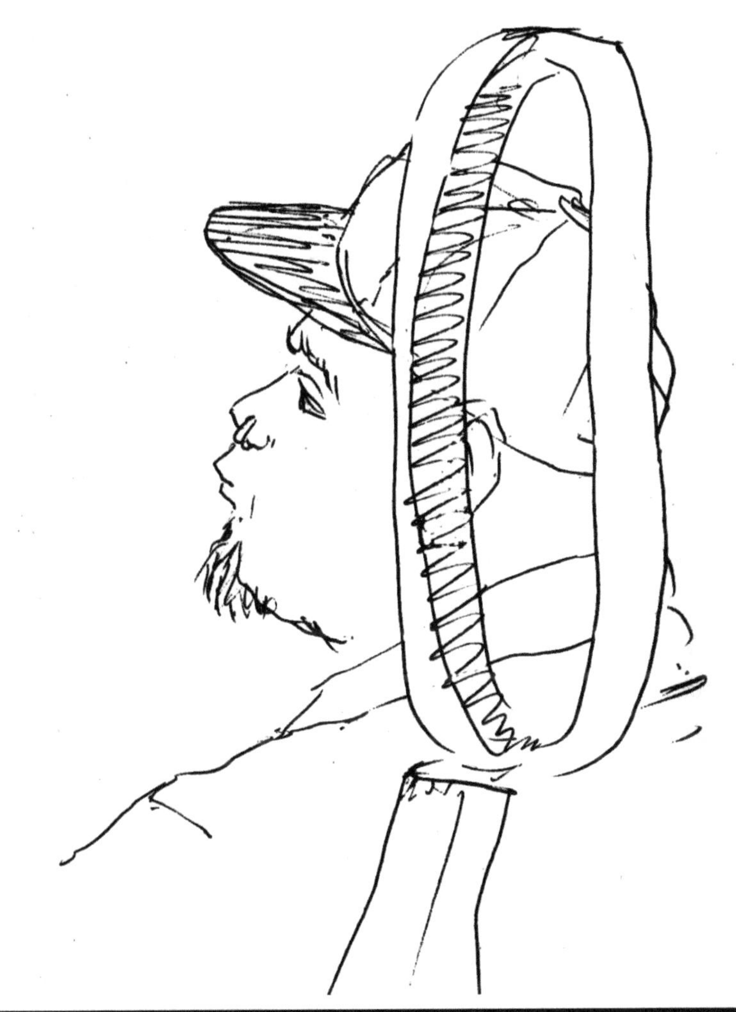

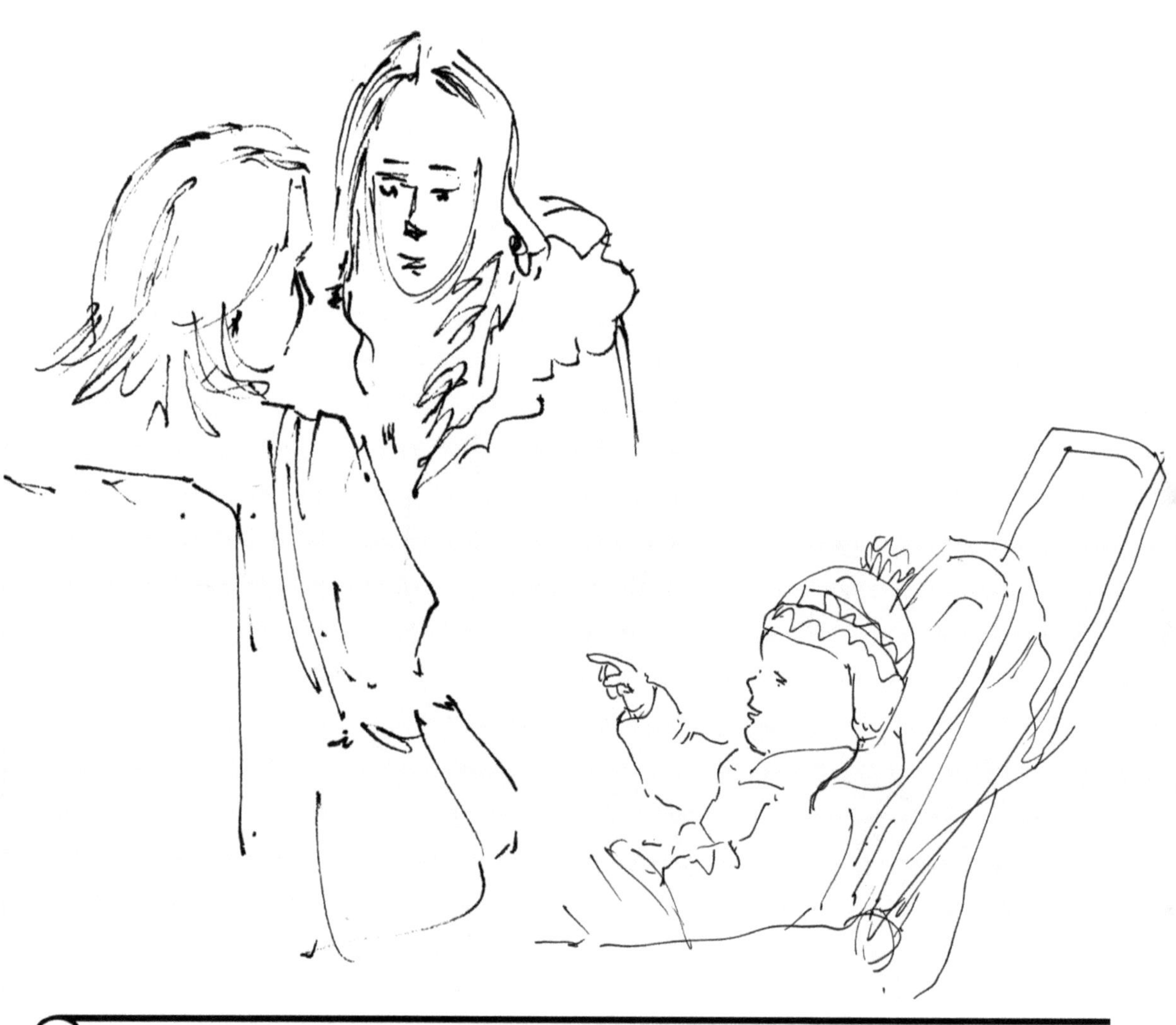

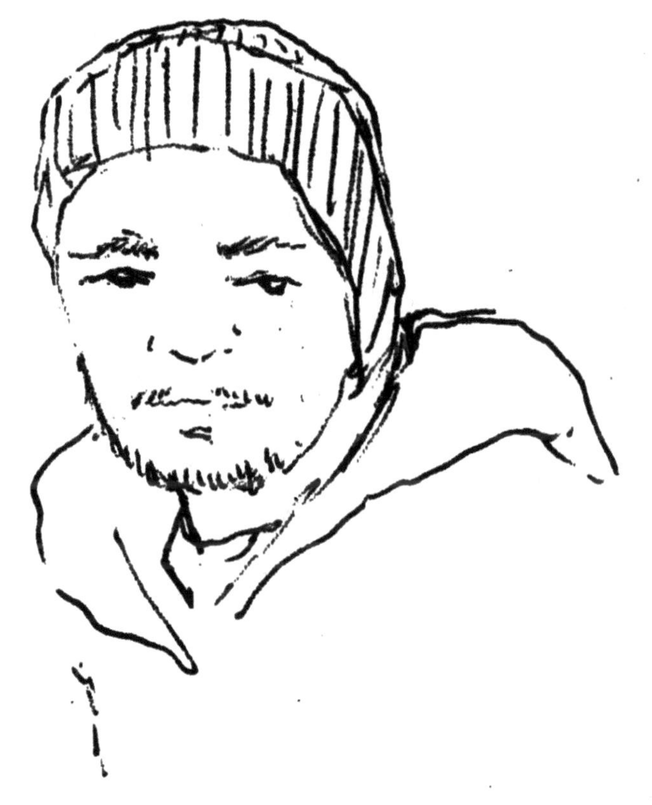

Eine gewisse Befürchtung

Eine gewisse Befürchtung
dass ich das nicht mehr sehe
eines Tages.
Es gibt Zeiten, da sieht man es nicht
man ist schlapp, abwesend
aber nicht mehr so neugierig
denkt, kenn ich ja alles
und bemerkt zum Beispiel nicht die Schönheit
dieses Mädchens
das mir gegenüber in der Bahn sitzt.
Ein durchschnittliches Gesicht
aber eine wohltuende Farbzusammenstellung
der Kleidung

grauer Mantel,hellgrauer Pullover
fast weißer Rock.
Und dazu ein matt-rosa Schal
der fällt auf
der passt
-schön.
Eine gewisse Befürchtung
dass ich das nicht mehr sehe
eines Tages.

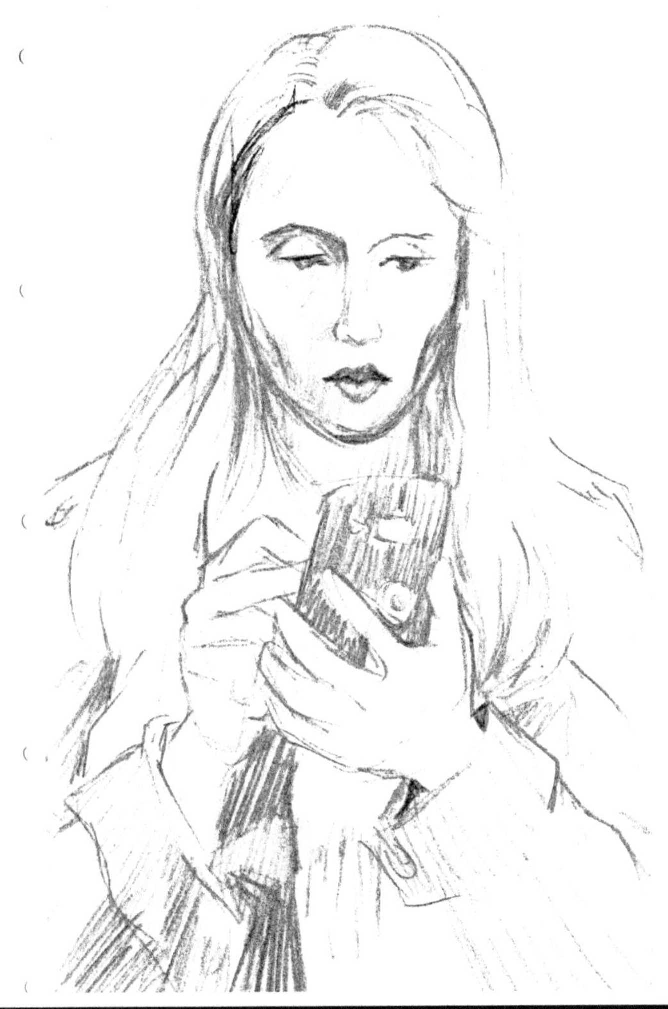

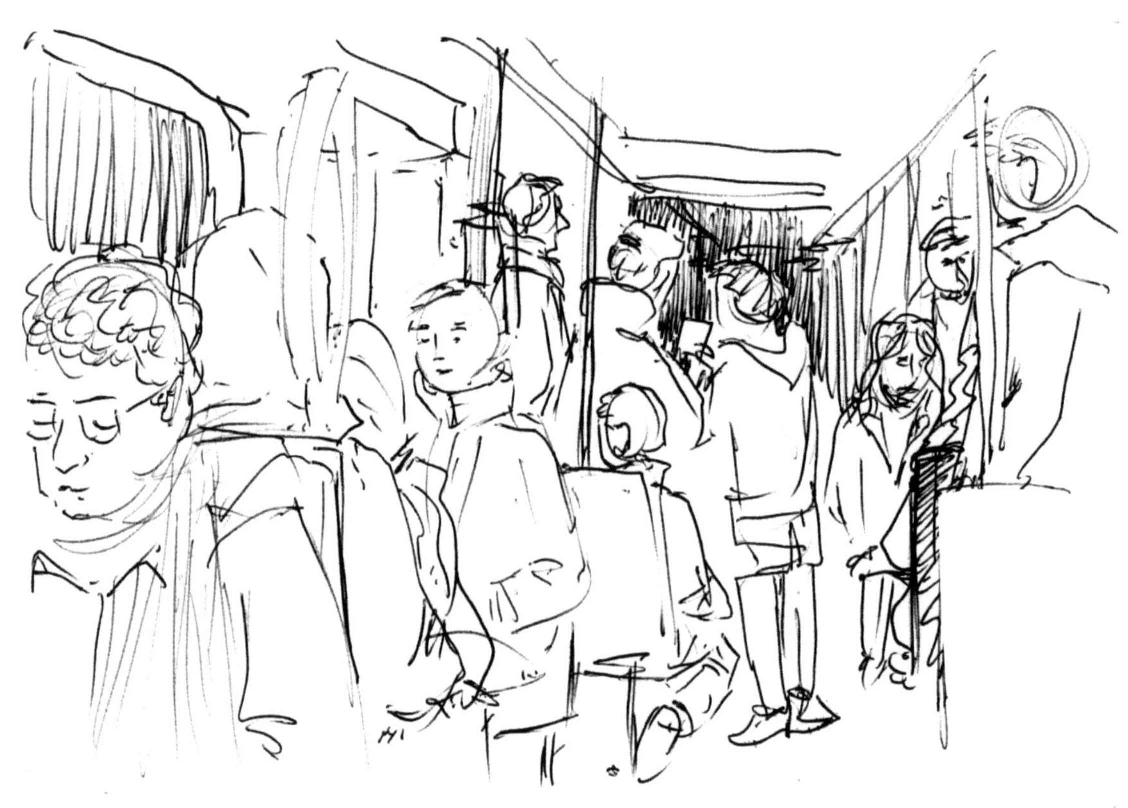

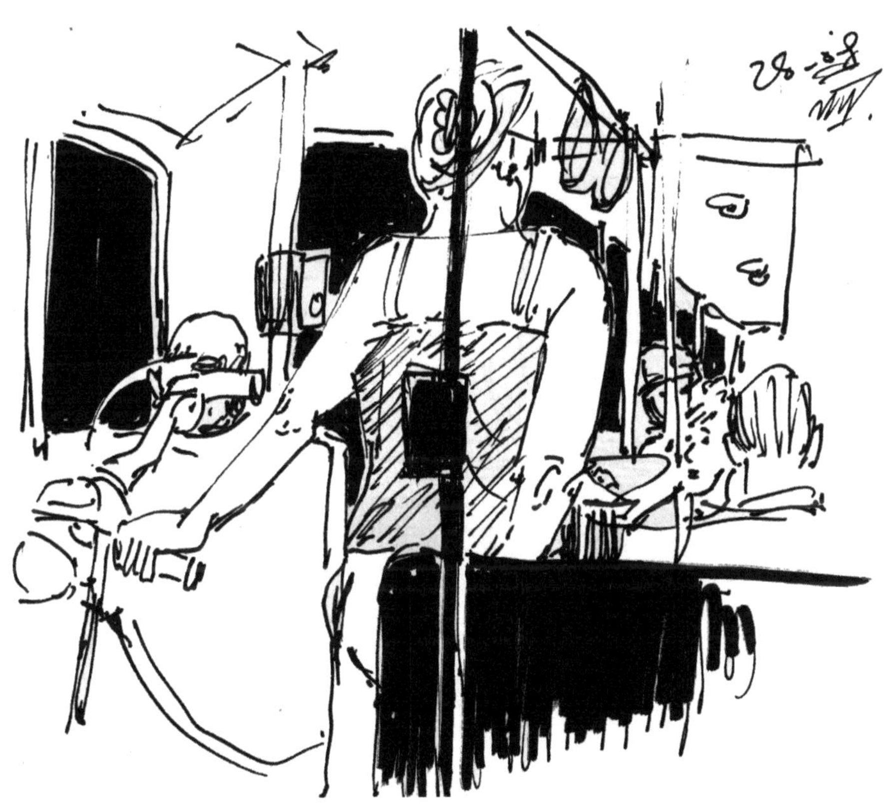

Der Schnäuzer

"Der Schnäuzer war im Grunde nicht schlecht"
sagte der alte Mann neben mir in der Straßenbahn
obwohl er wegen ihm (er meinte Hitler) seine Jugend
verloren hatte

denn er war mit 18 im Krieg.
"Bettler wie heutzutage" sagte der Mann,
"die einen wegen 50 Cent an jeder Ecke anhauen
hat es damals nicht gegeben
damals hat man durchgegriffen."
Sicher, dass der Krieg so enden würde,
konnte man nicht voraussehen.
"Aber ich sage Ihnen" meinte der Alte,
stand auf und ging zur Tür
"der Schnäuzer war im Grunde nicht
schlecht."

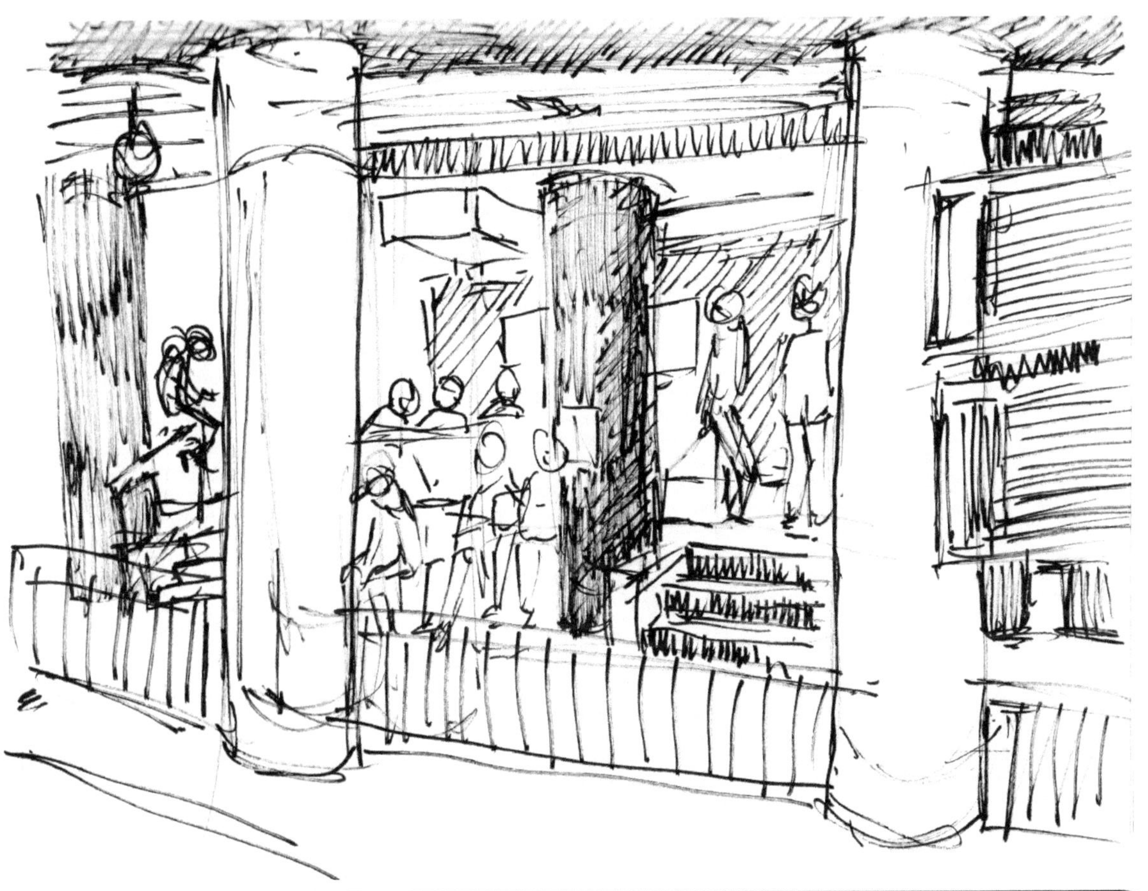

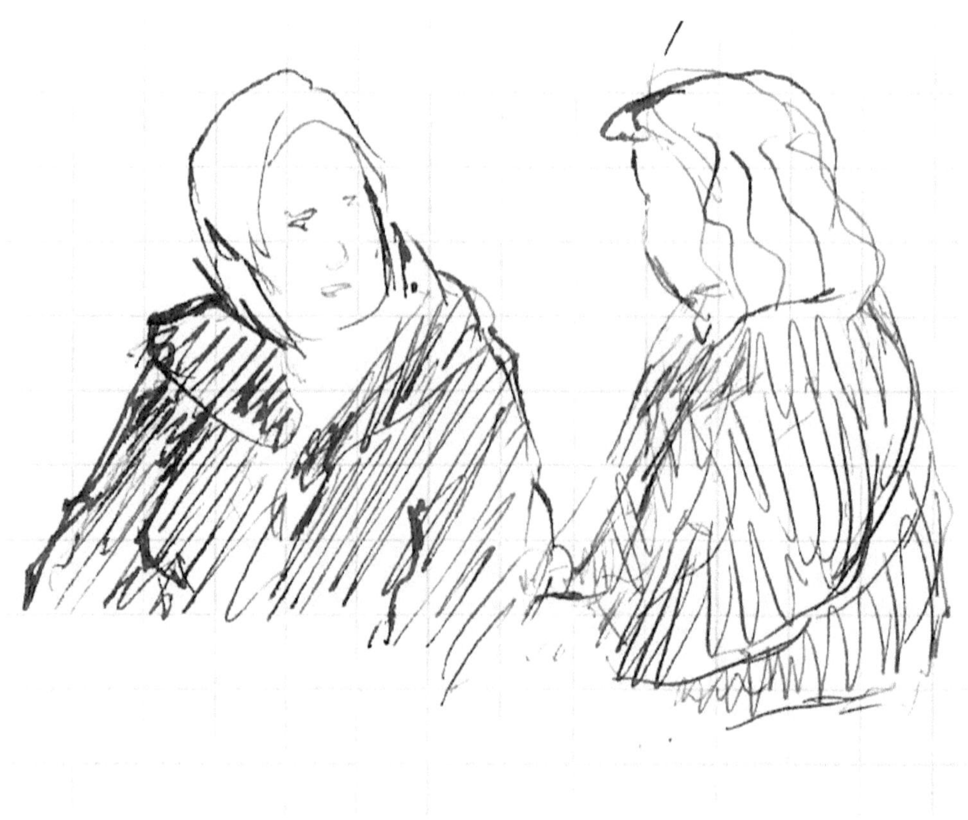

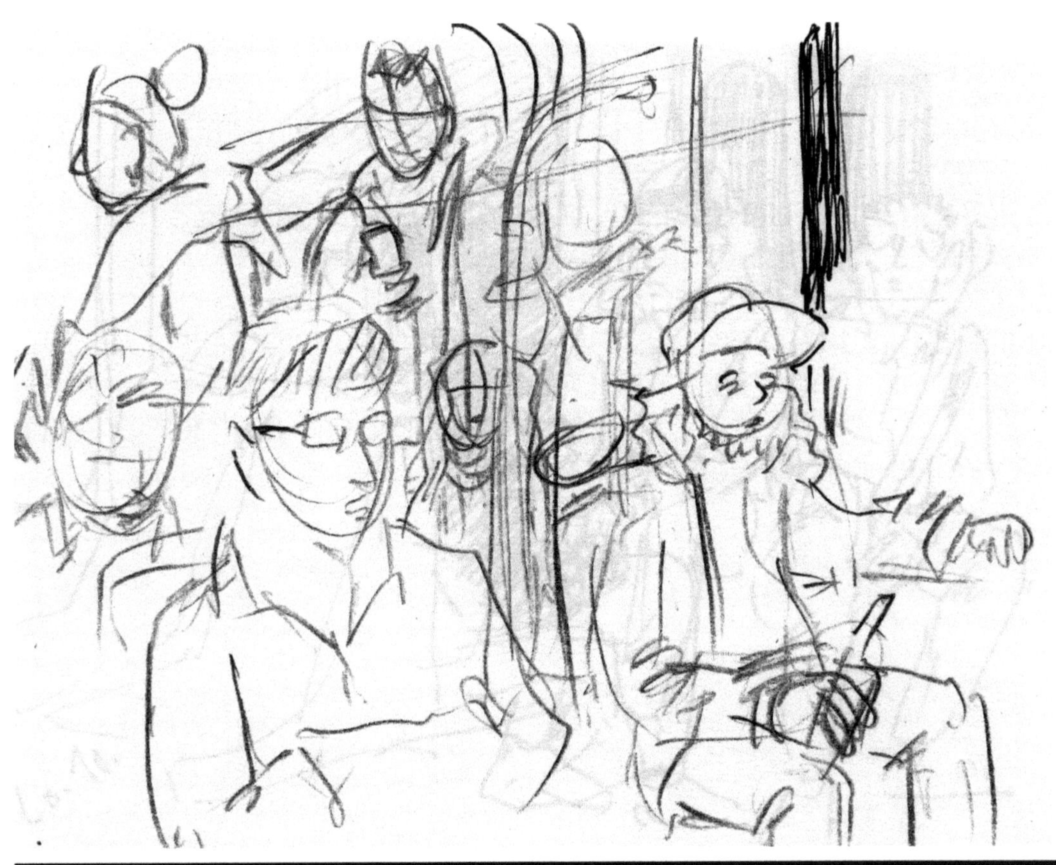

Träumen

Wo kann man das sonst noch:
träumen?
Als Autofahrer nicht
auch nicht als Fußgänger in der City
aber als Gast in den Bussen und Bahnen.
Wenn du dann unversehens in Kurven
oder Brems- und Anfahrten schwankst
den Nachbarn anrempelst
ist das kein Problem, gehört dazu
kann sogar Anlass zu einem Gespräch sein.
Träumen und auch spontan Kontakt zum
                              Mitmenschen aufnehmen
wo kann man das sonst noch?

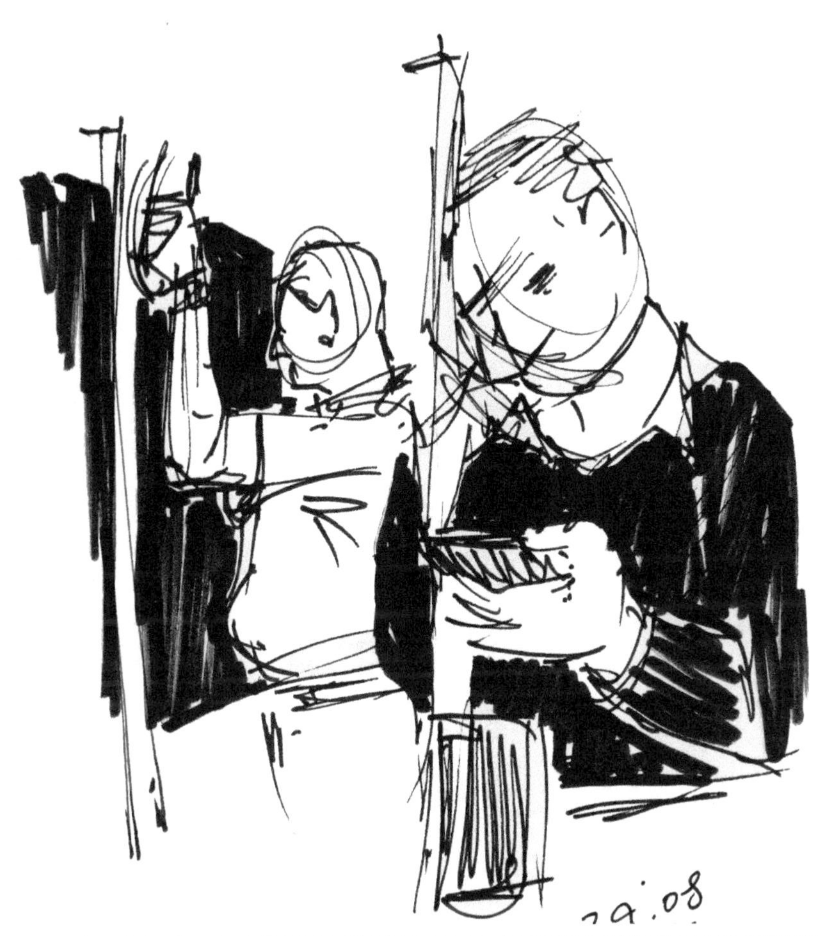

29.08

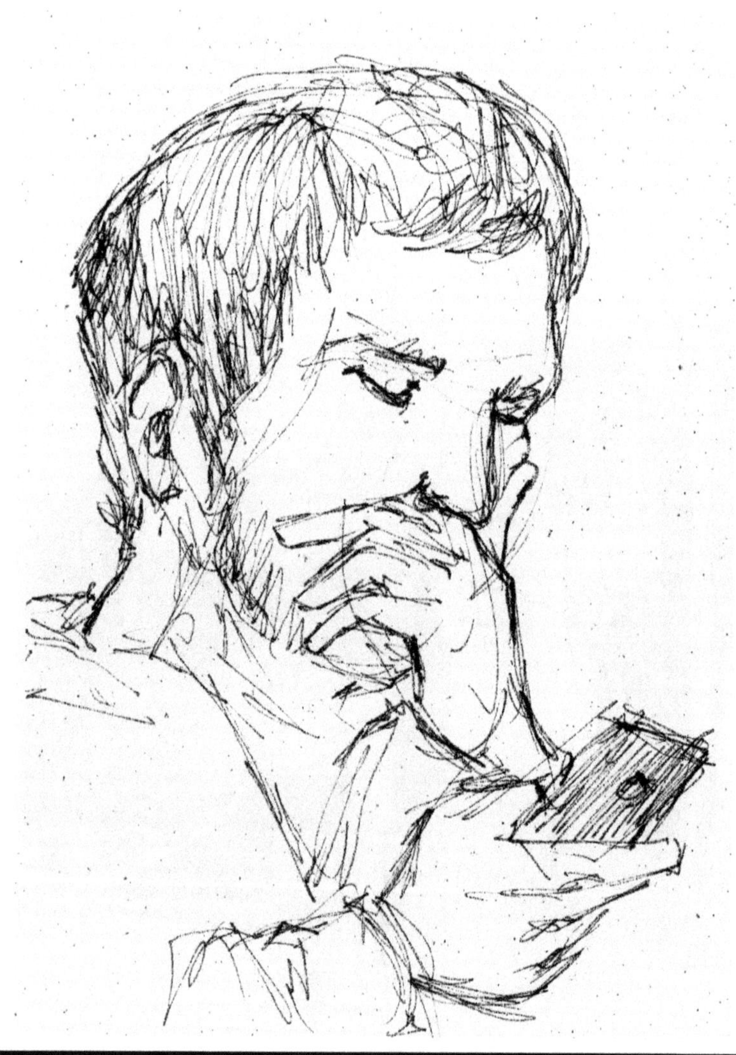

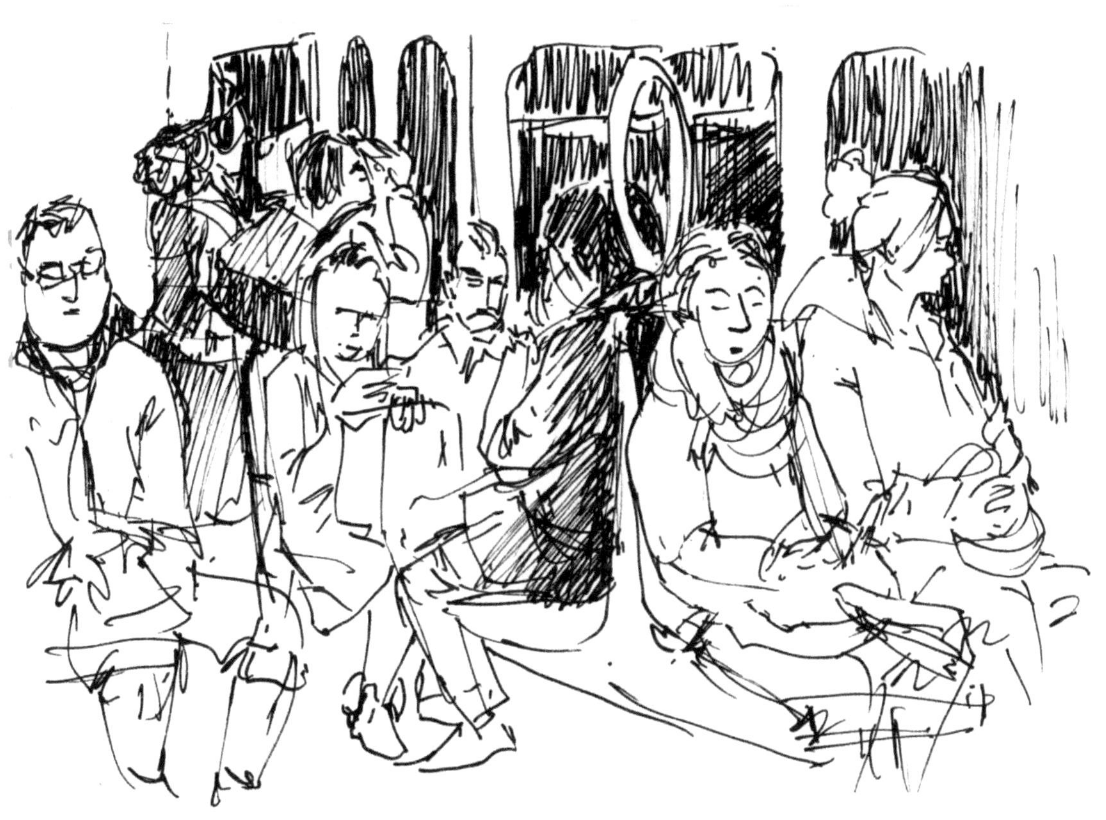

Guter Tagesbeginn

Als ich das schlanke, grazil gestreckte Bein der
Frau neben mir bemerkte
mit dem goldglänzenden Kettchen am mattbraunen
Fußgelenk
wusste ich
da in der Straßenbahn auf dem Weg zur Arbeit:
Das wird heute ein guter Tag.

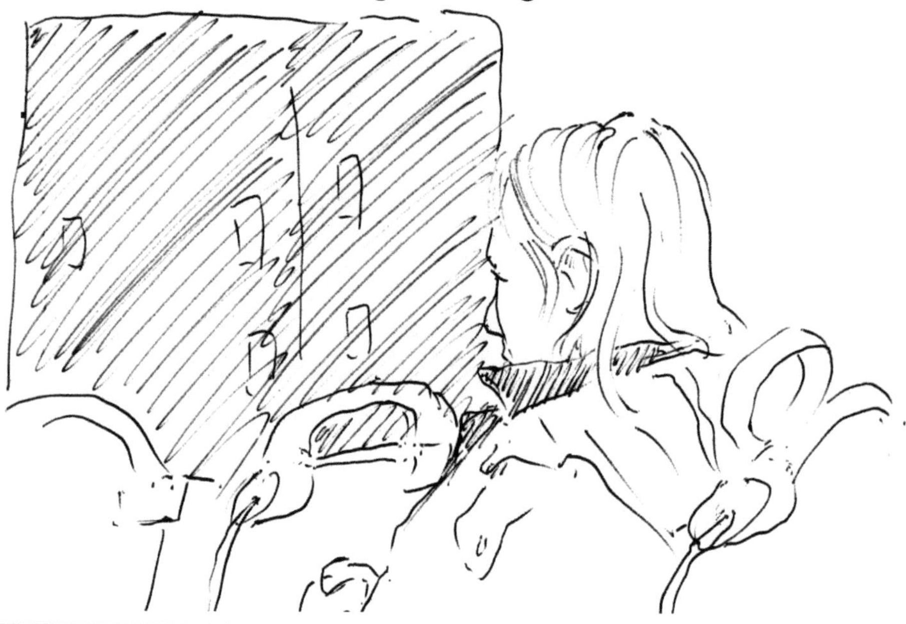

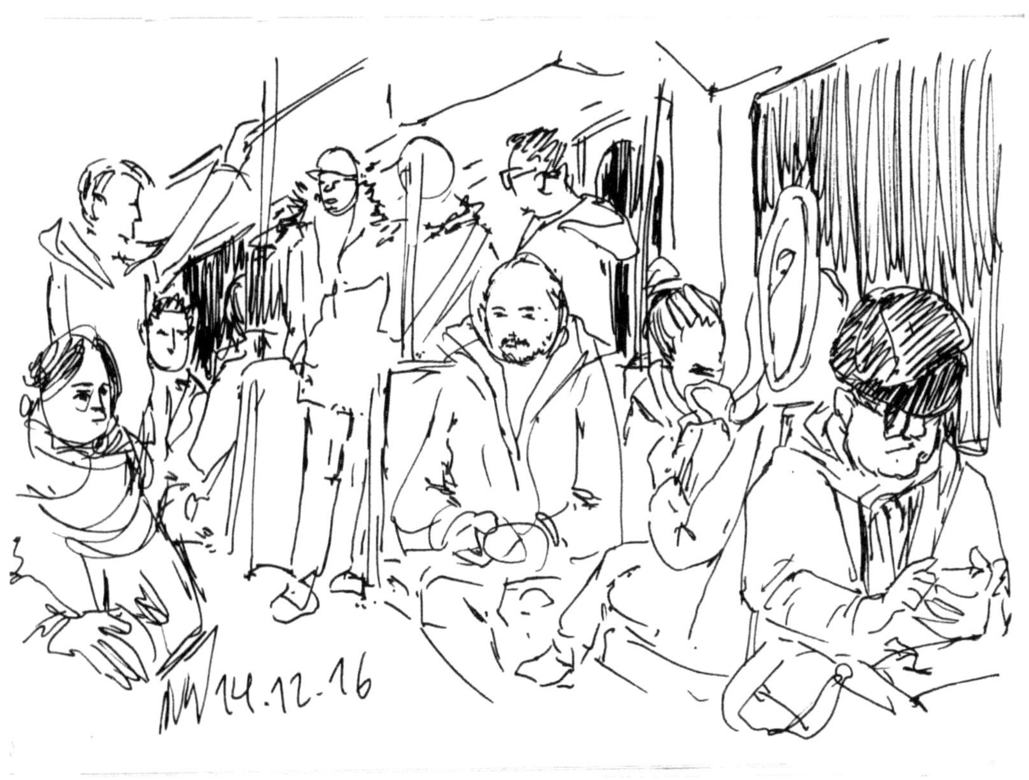

NW 14.12.16

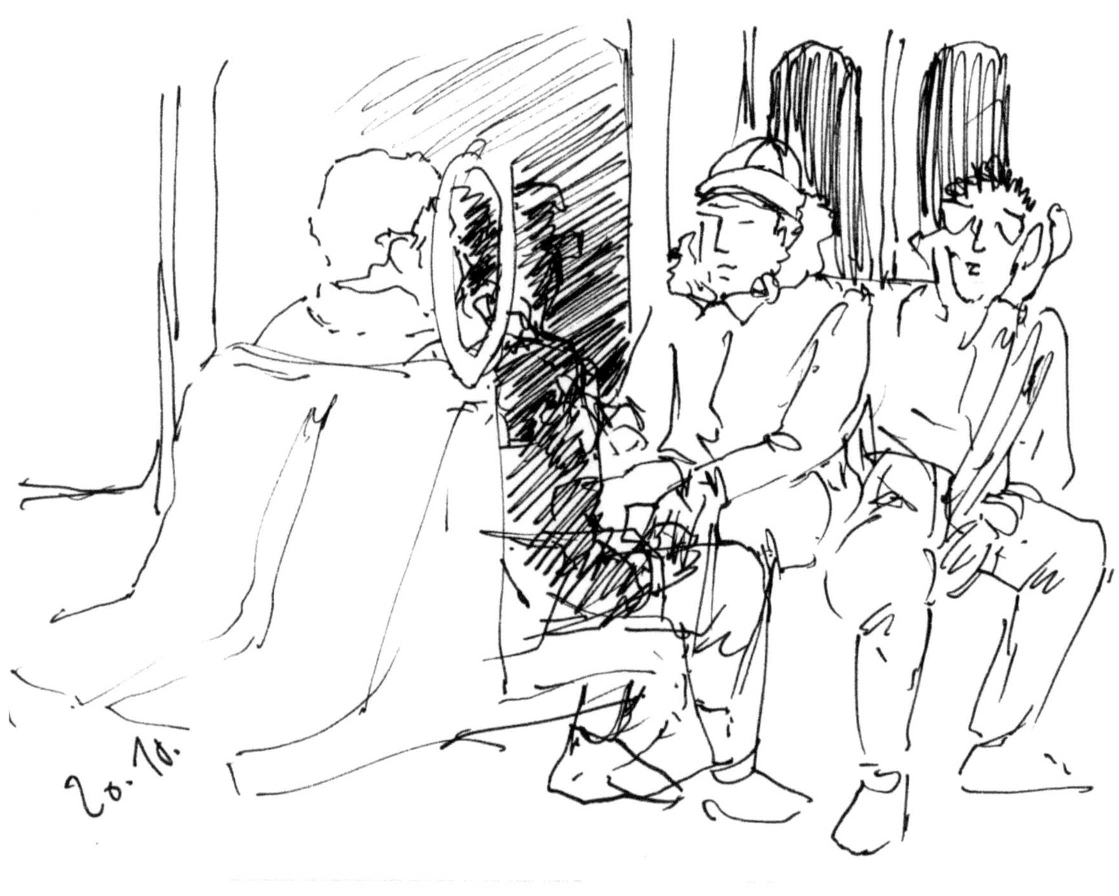

20.10.

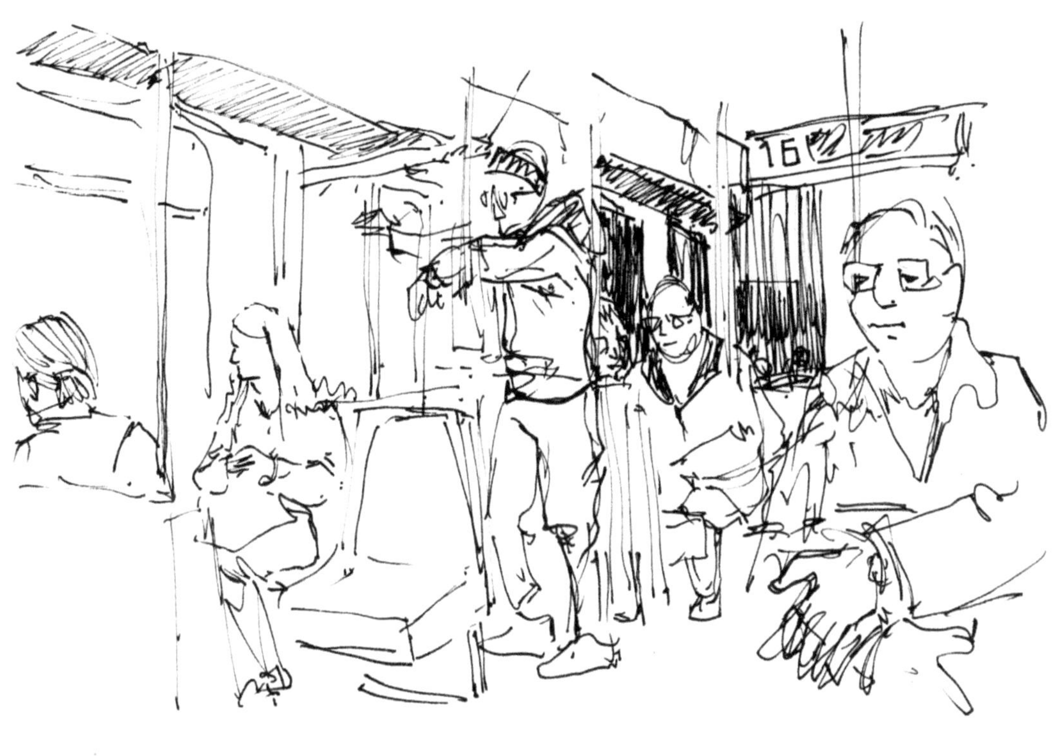

Geborgen

Der Alte ist über die Griffe seines Rollators
gesunken schläft
gegenüber der dicke Mann lehnt in der
Ecke am Fenster
hat an jedem Finger einen silber- oder
goldglänzenden Ring schläft.
Vielleicht haben sie Probleme
vielleicht sind sie viel allein
- in der Bahn
in der Menge der Leute
fühlen sie sich geborgen.

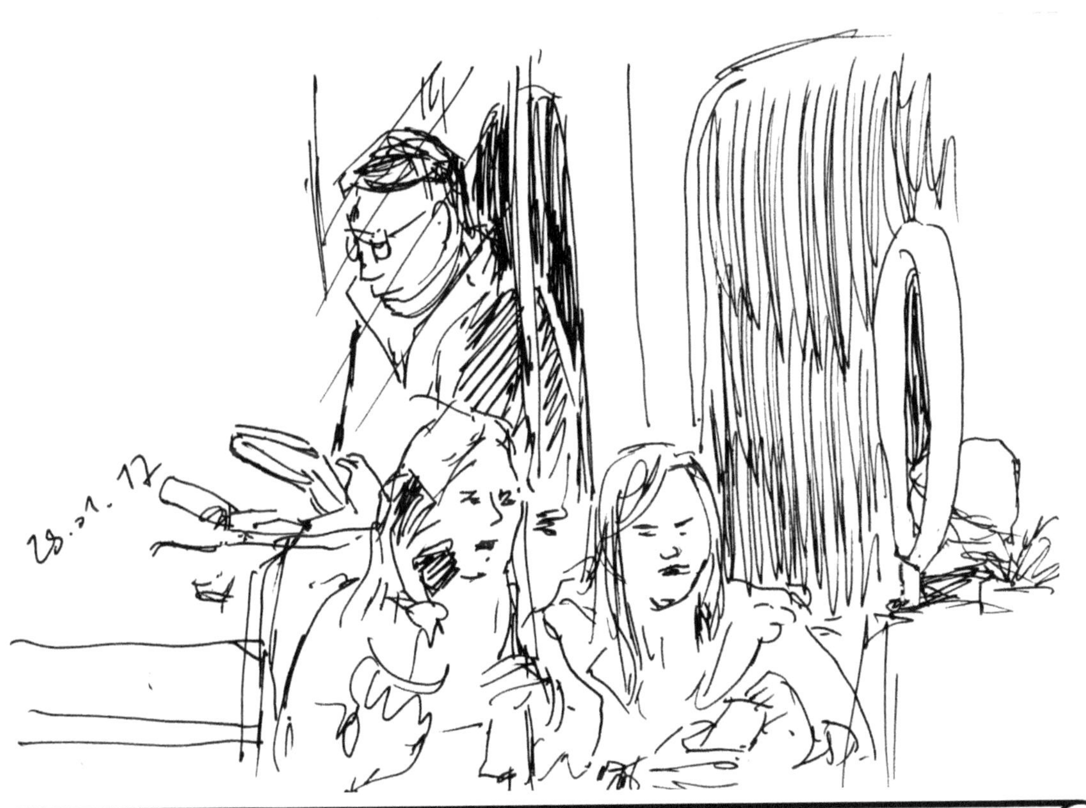

57

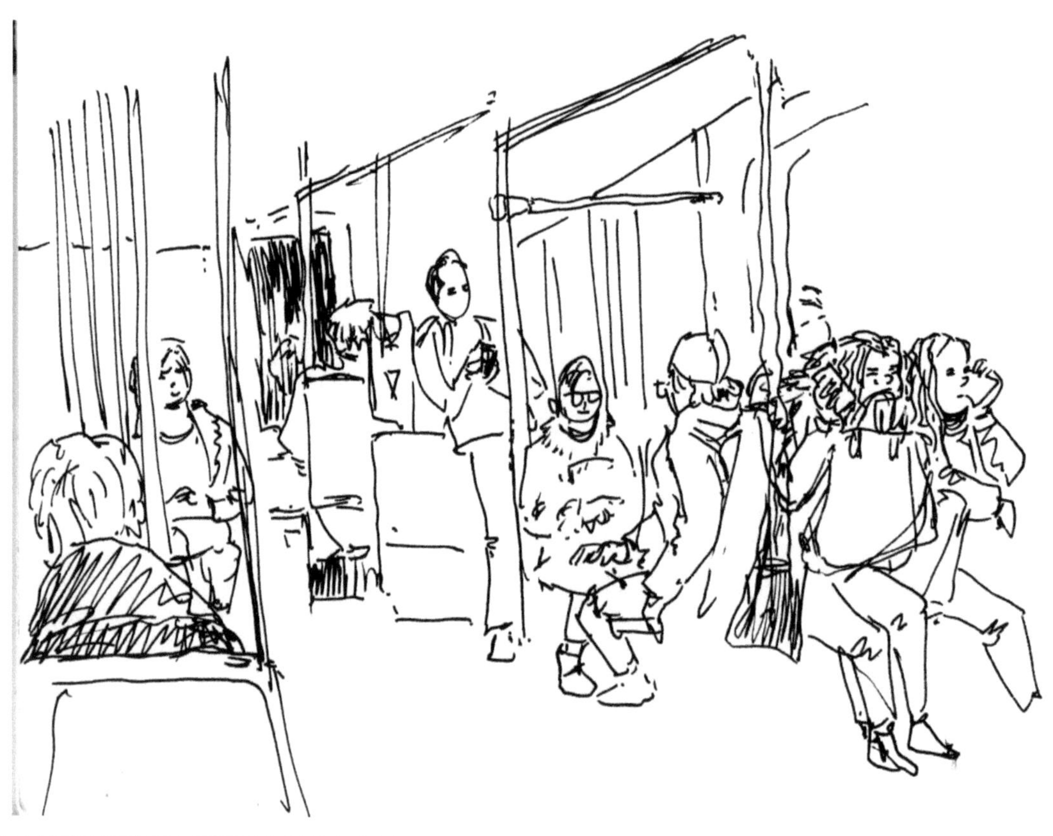

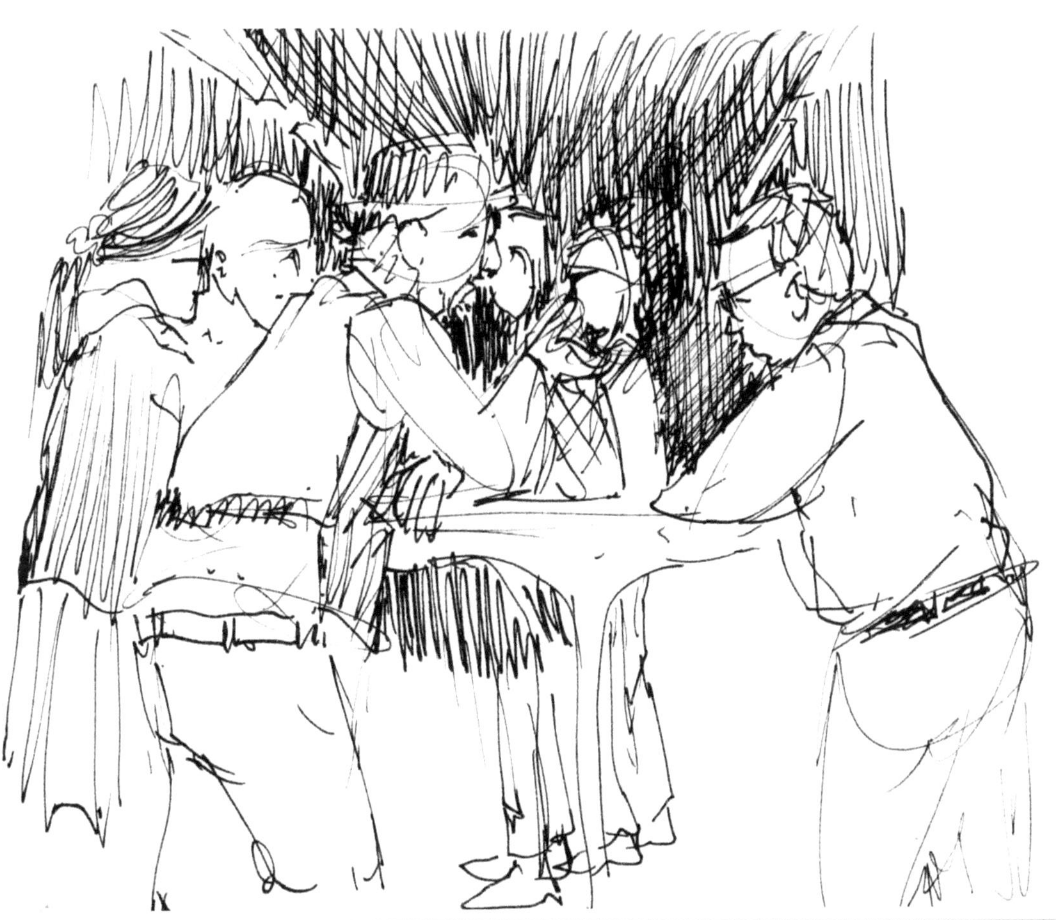

Morgens um acht

Konzentrierter Blick
der Mund nicht schmal,
aber beherrscht, angespannt
ein ebenmäßiges Gesicht.
Aber daneben in der Bahn auch ein
                    ebenmässiges Gesicht
der Mund gelöst
die Augen groß
der Blick wenig konzentriert
als wäre er nur nach innen
                    gerichtet
hinter dem Gesicht viele Bilder
der sanfte Ablauf eines Films
vielleicht noch ein letzter Traum
vor dem Eintritt in die Arbeitswelt.

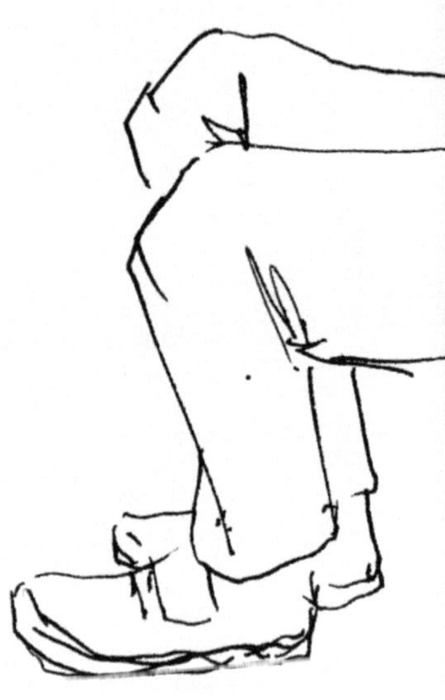

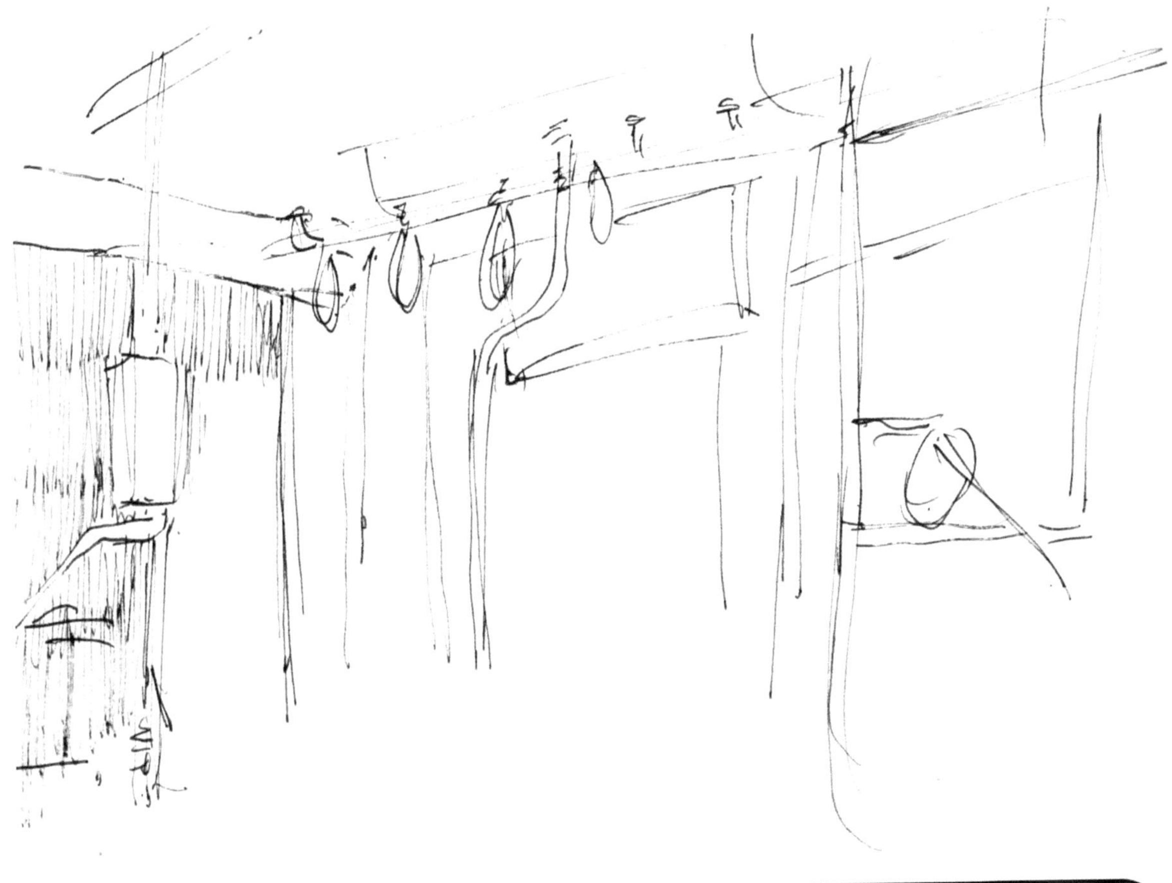

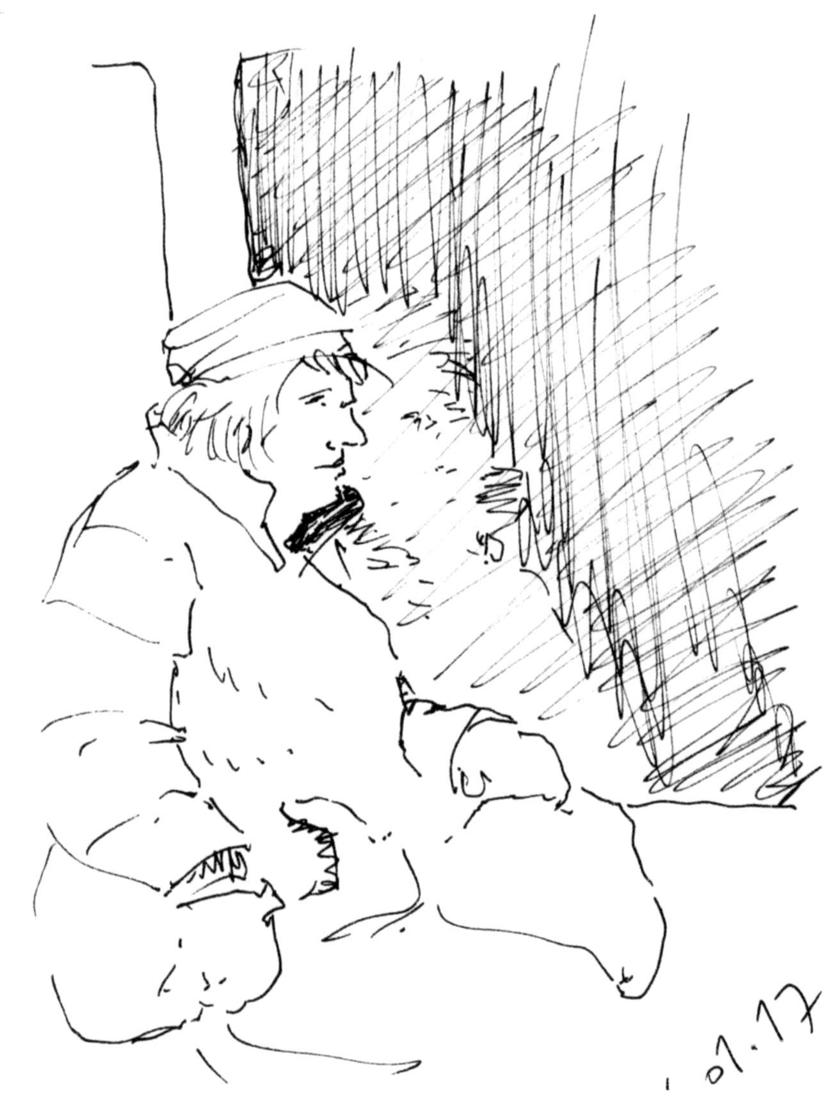
01.17

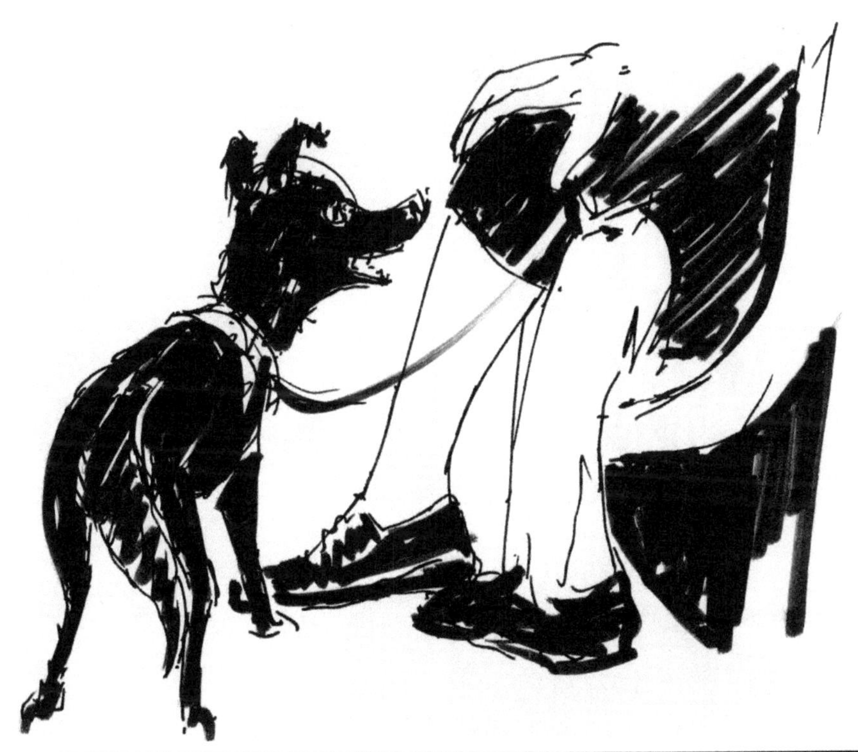

Die Vorstellung

Wenn man dauernd arbeitet
ist die Vorstellung
rauszugehen
einfach in die nächste Bahn zu steigen
den ganzen Tag ziel- und zeitlos herumzubummeln
wie ein Gang durchs Paradies.

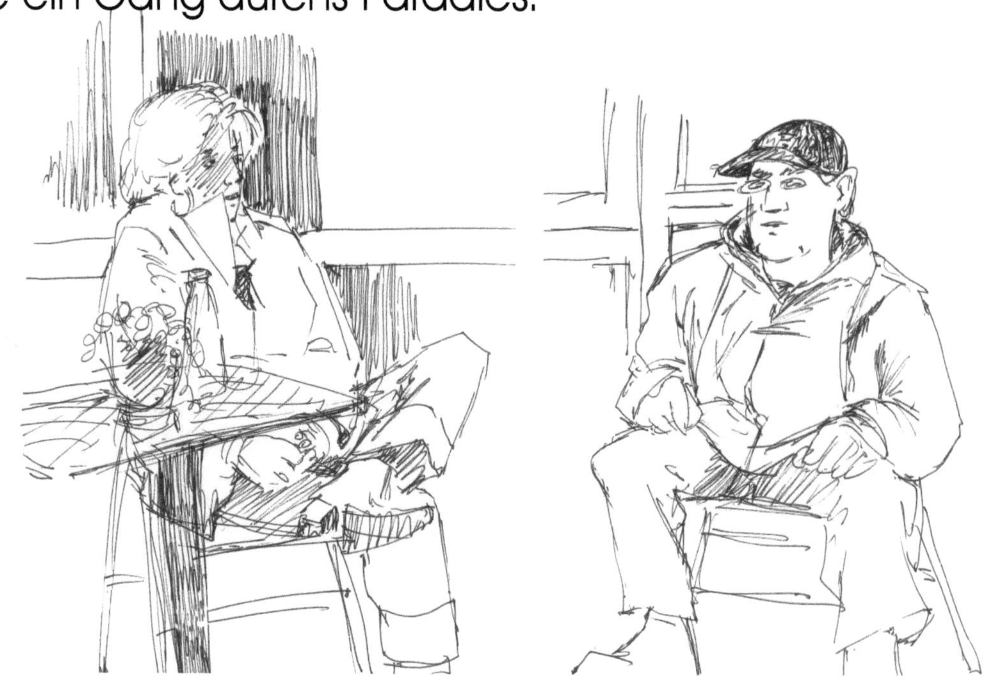

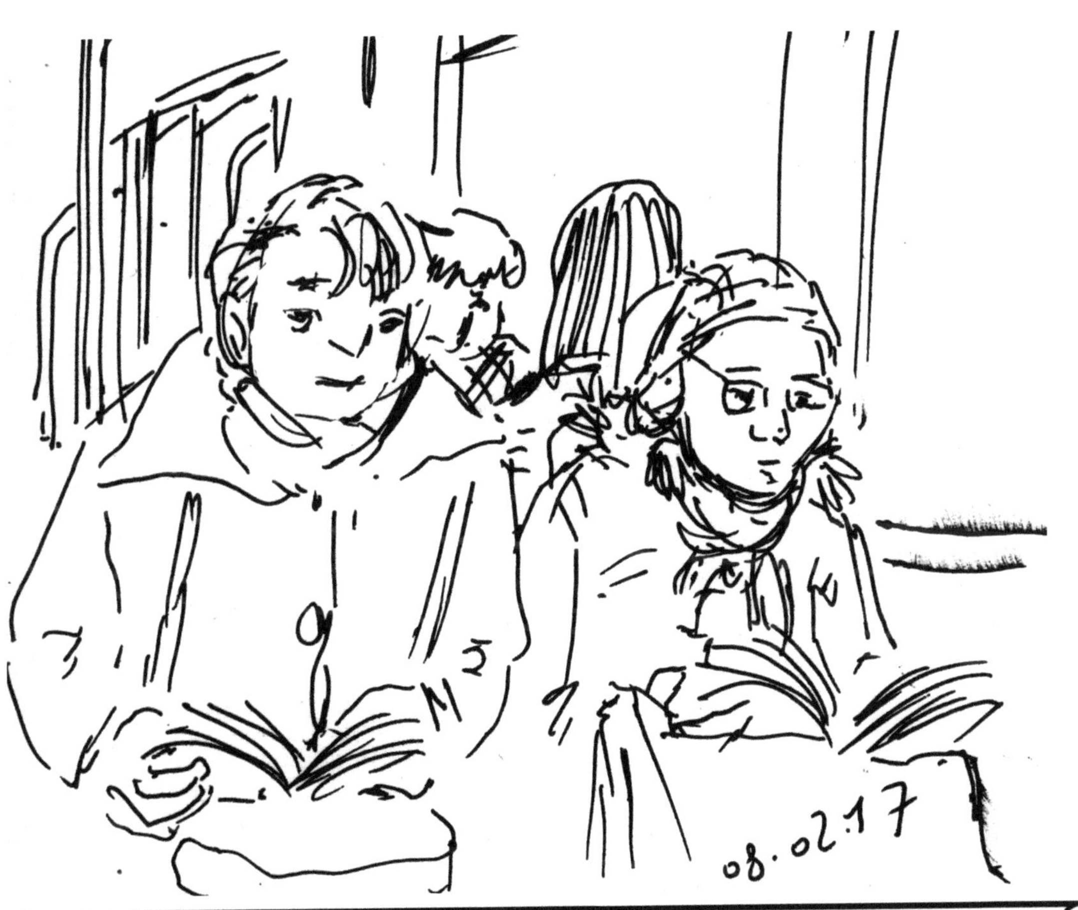
08.02.17

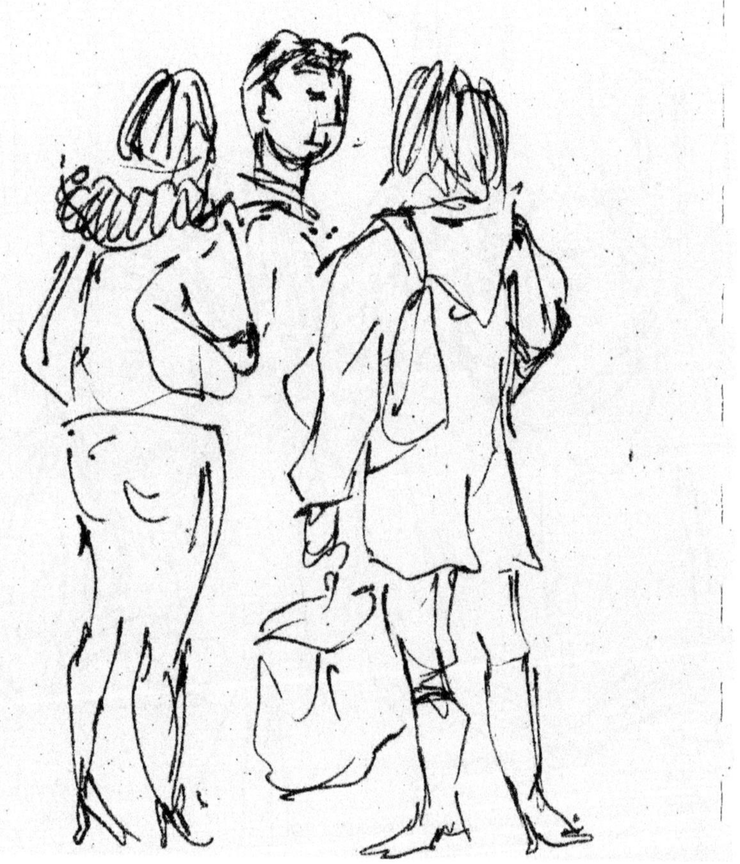

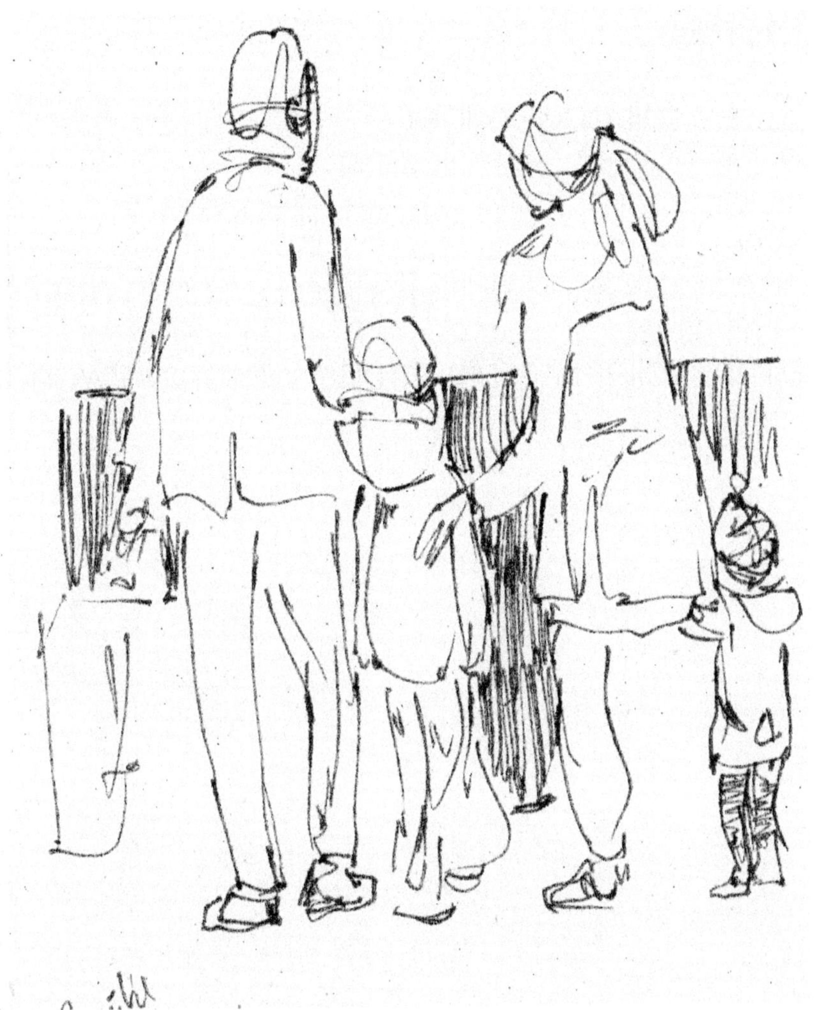

Das Mädchen

Das Mädchen mir gegenüber
hatte nun die Augen geschlossen
die Hände auf dem Schoß zusammengelegt.
Meditierte sie?
Vorher noch irgendeine unauffällige Person in der Bahn
jetzt eine mit stiller,
fast geheimnisvoller Energie erfüllte Wesensverwandte.

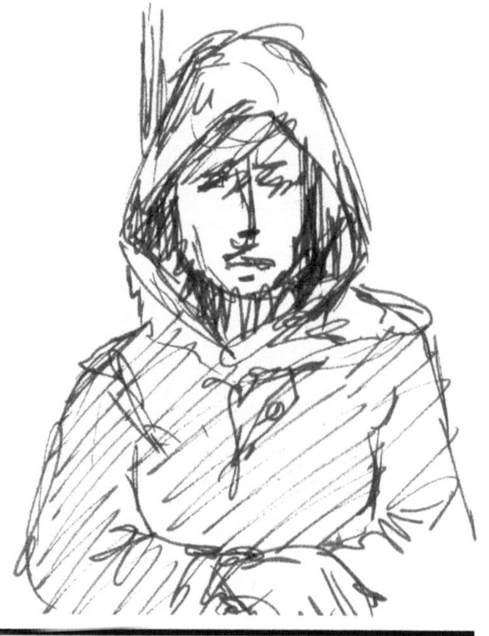

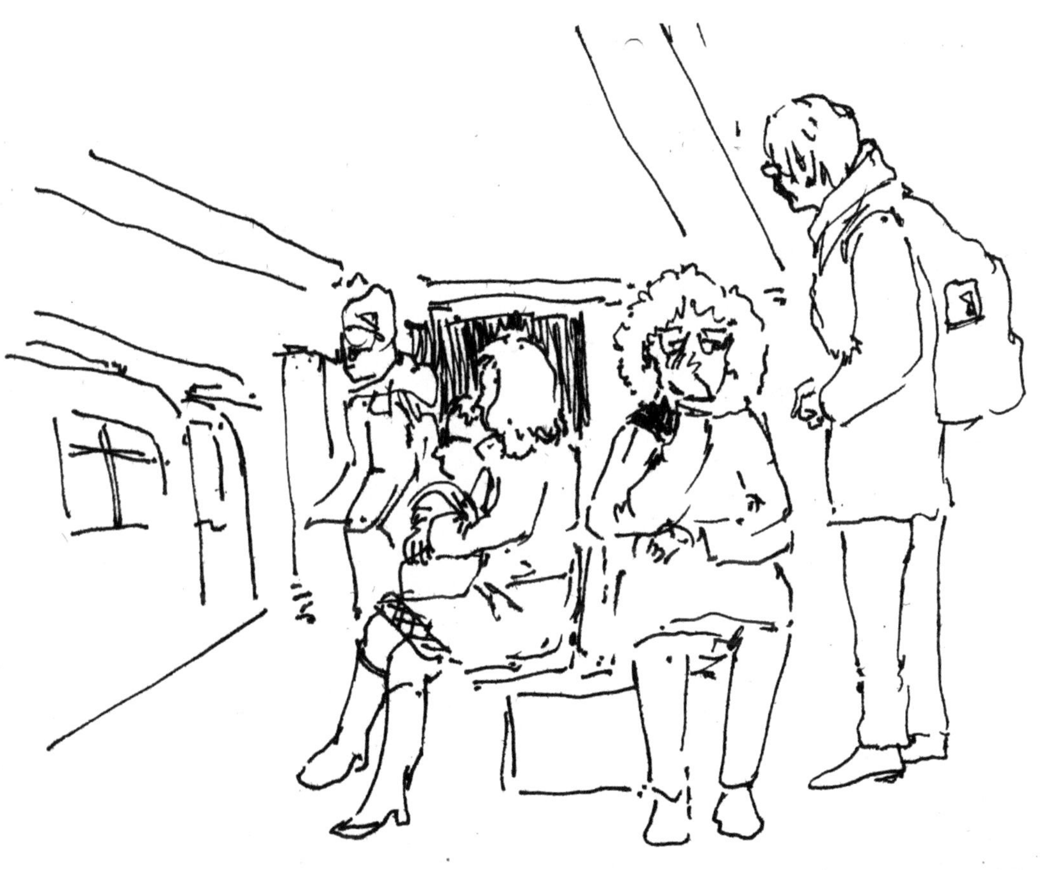

69

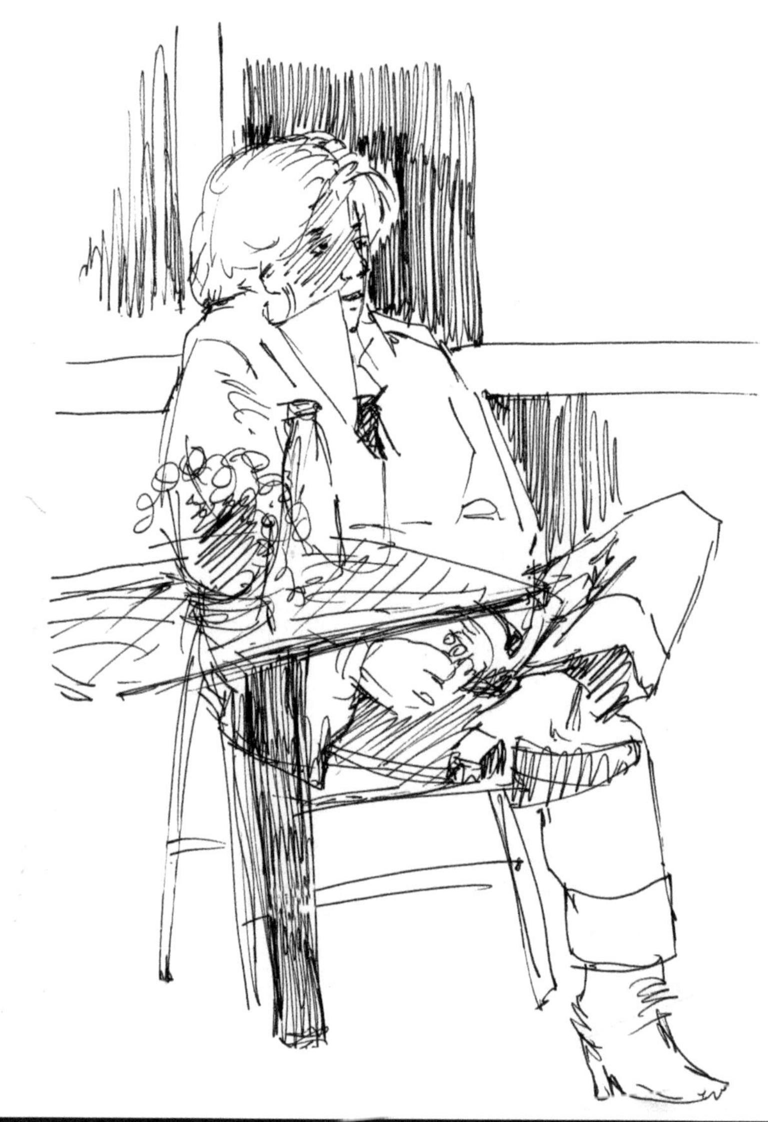

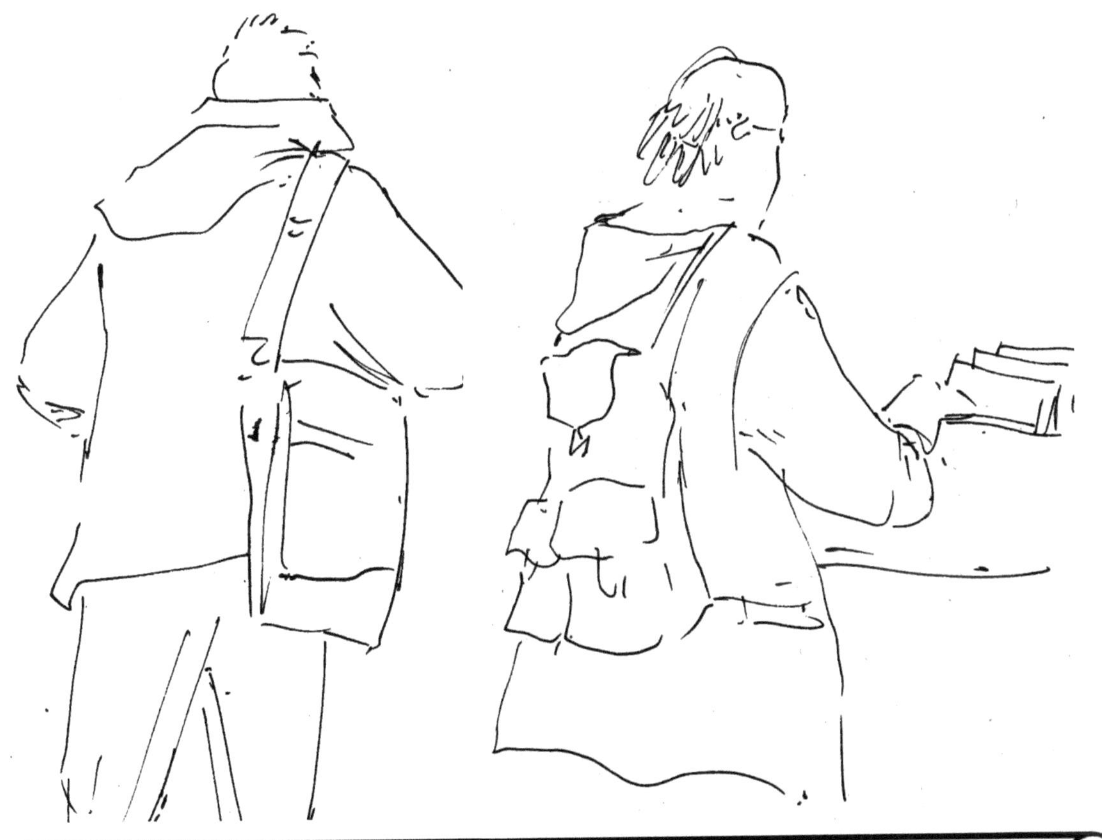

Abenteuer

Man sitzt zwischen Leuten
kann aber auch sich wegdriften lassen per E-Book
oder beim Blättern der guten alten Papierseiten
ist in exotischen Ländern unterwegs
erlebt Abenteuer
bis eine sanfte Stimme dich in die Realität zurückholt:
"Sürth- Endstation. Bitte alle aussteigen."

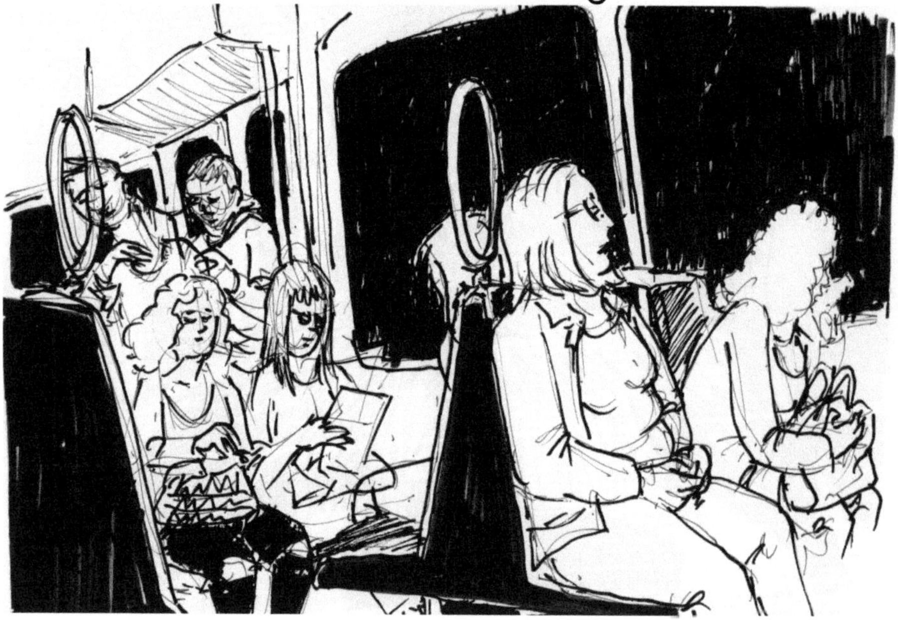

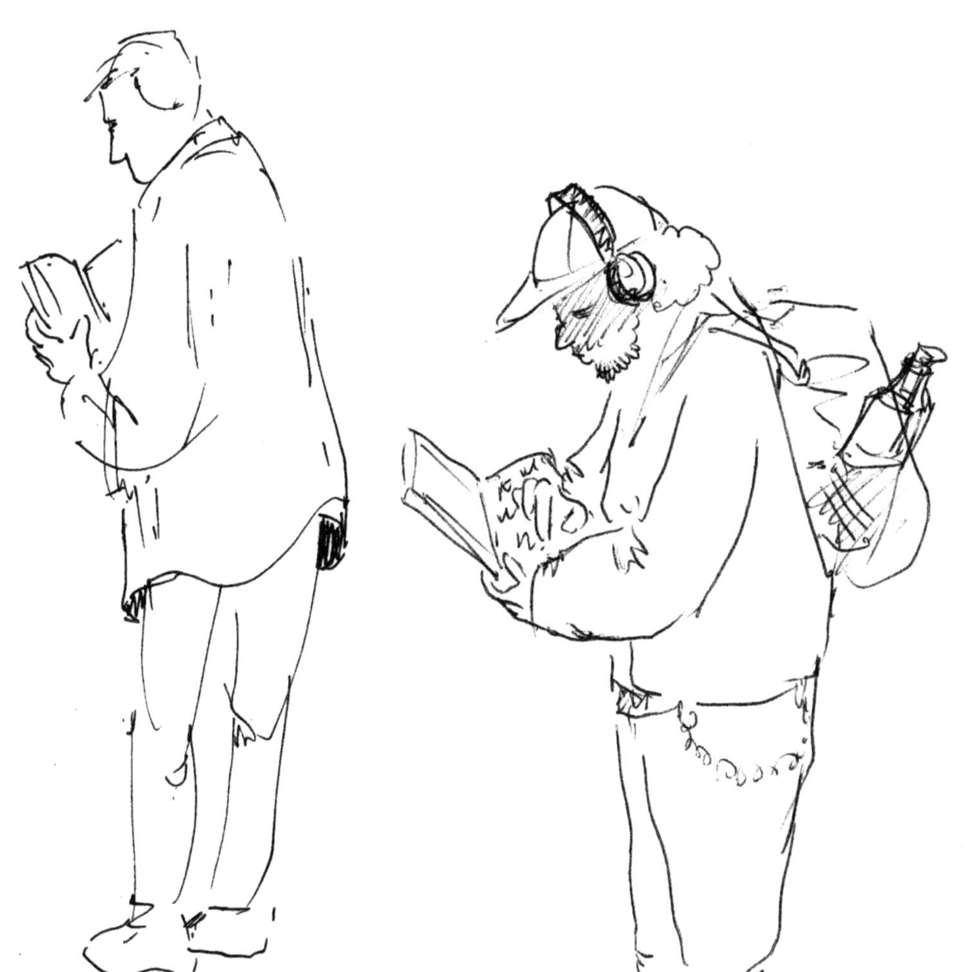

73

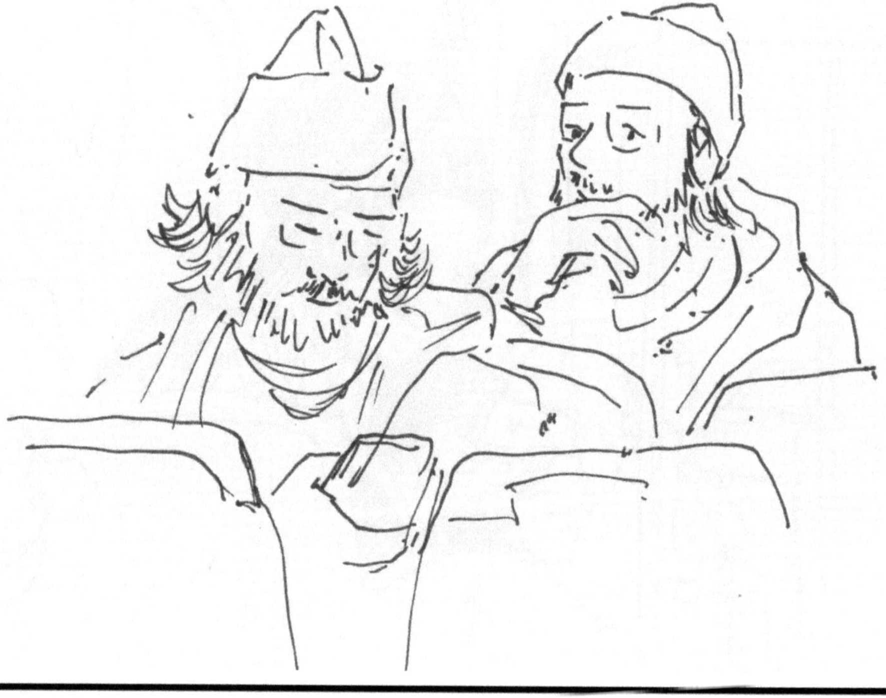

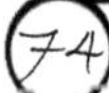

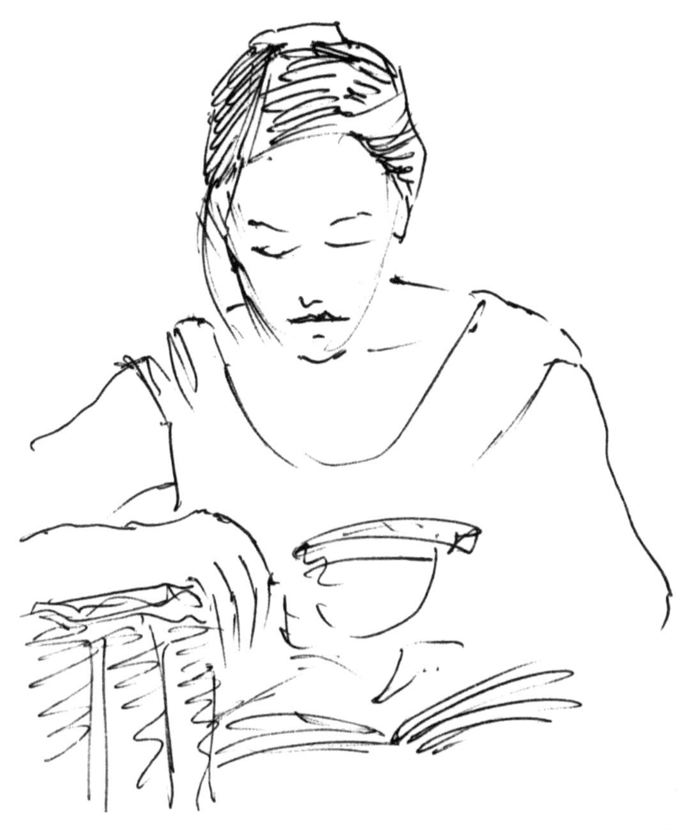

Der Vergleich

Sah nicht gut aus
alt, viele Falten
aber als sie plötzlich lachte
die Frau gegenüber in der Bahn
gab es im Vergleich zu dem jungenMädchen
neben ihr

kaum einen Unterschied

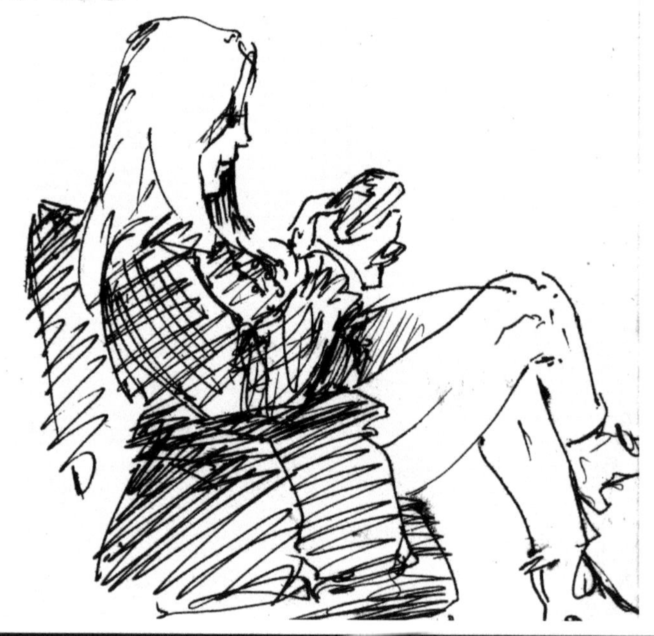

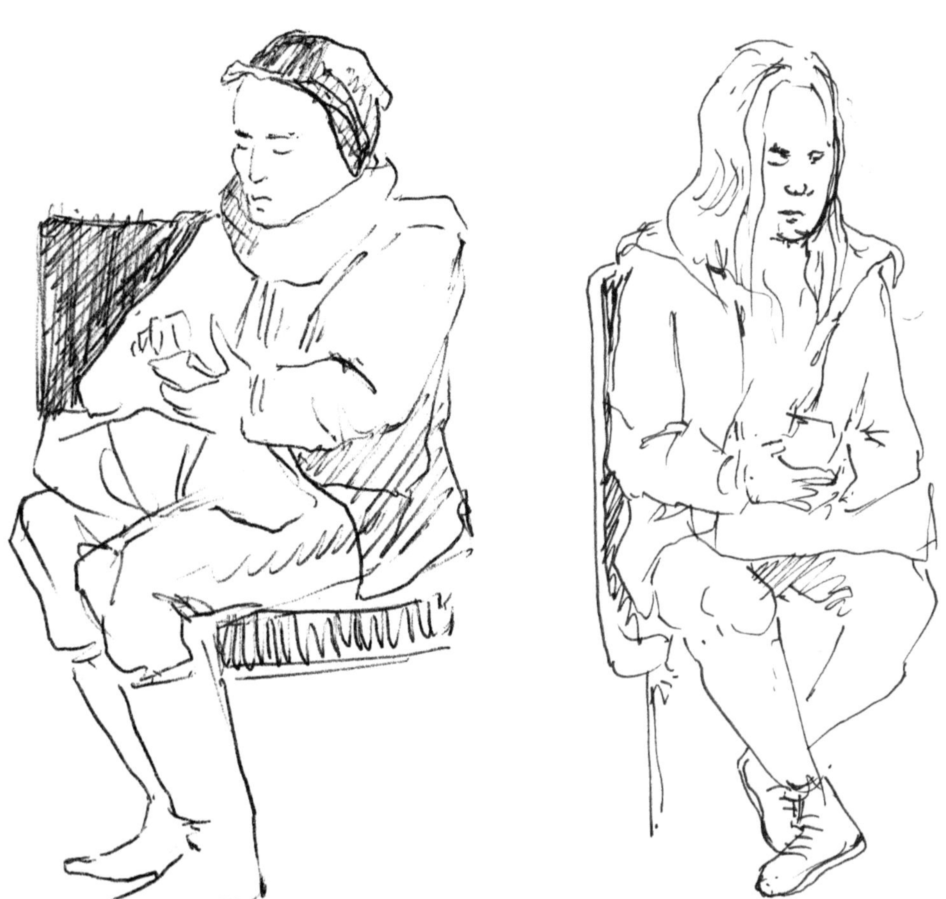

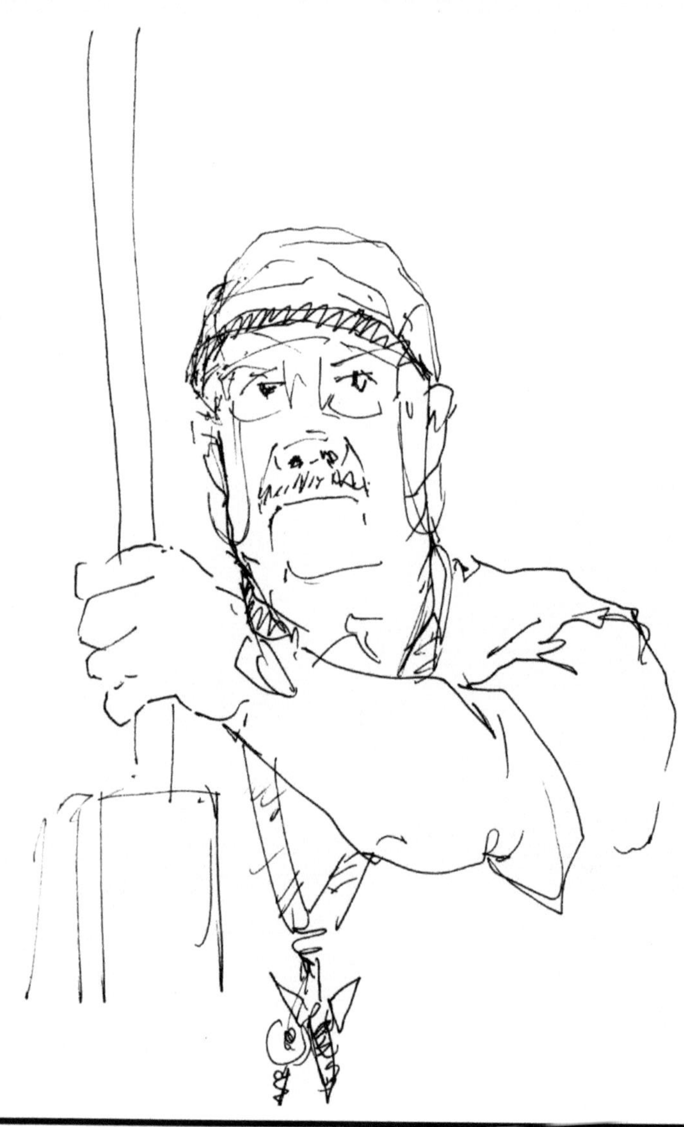

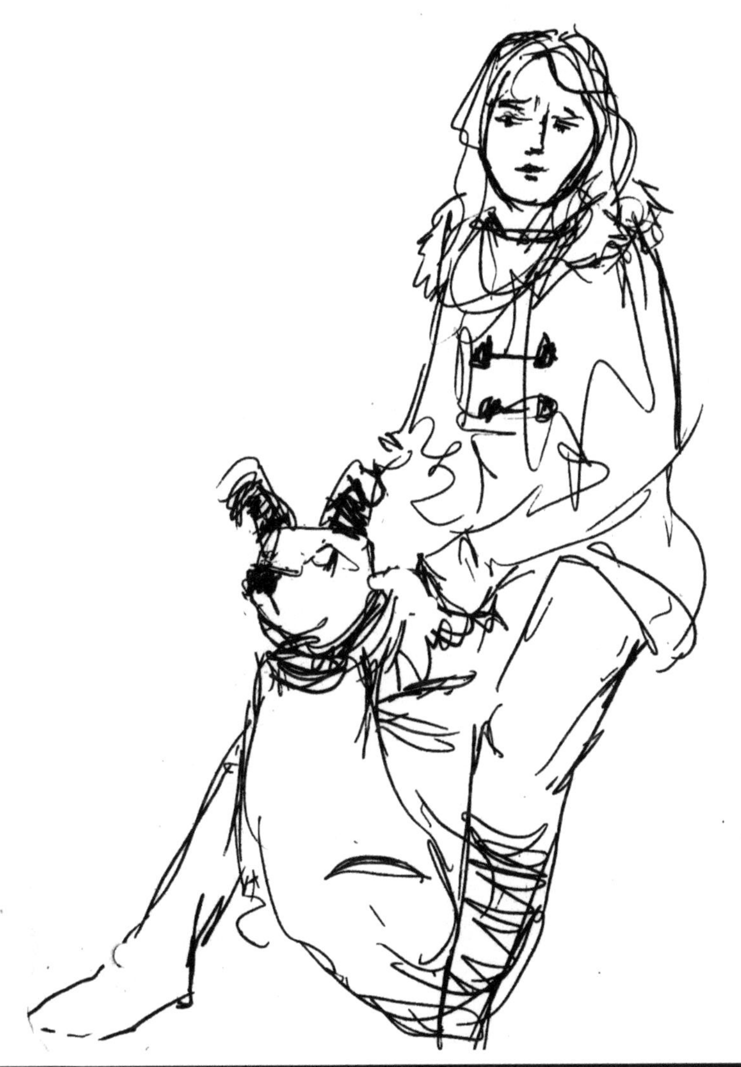

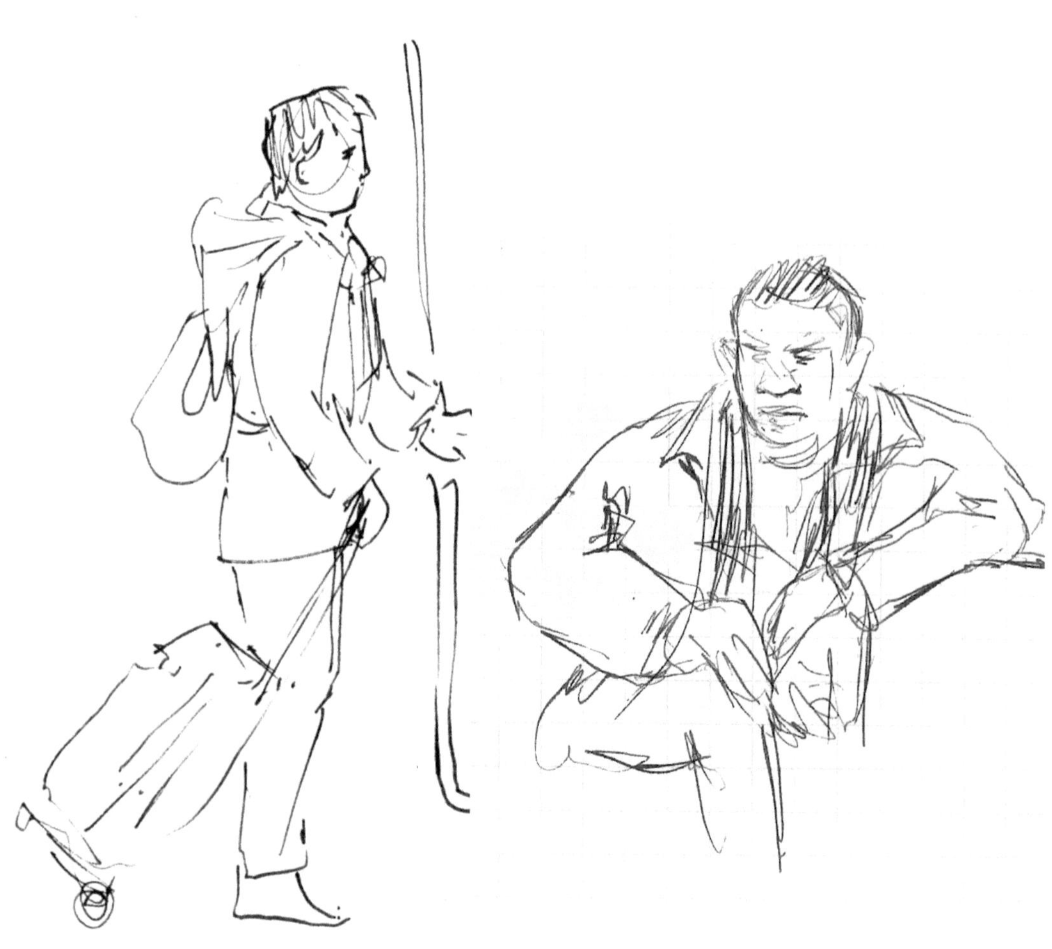

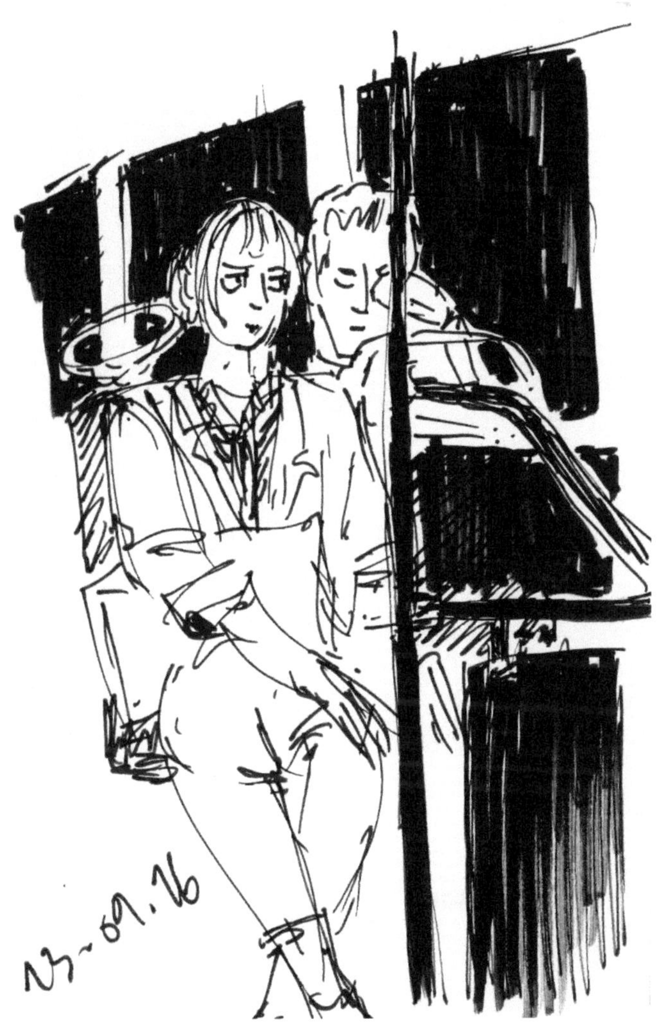

13~09.16

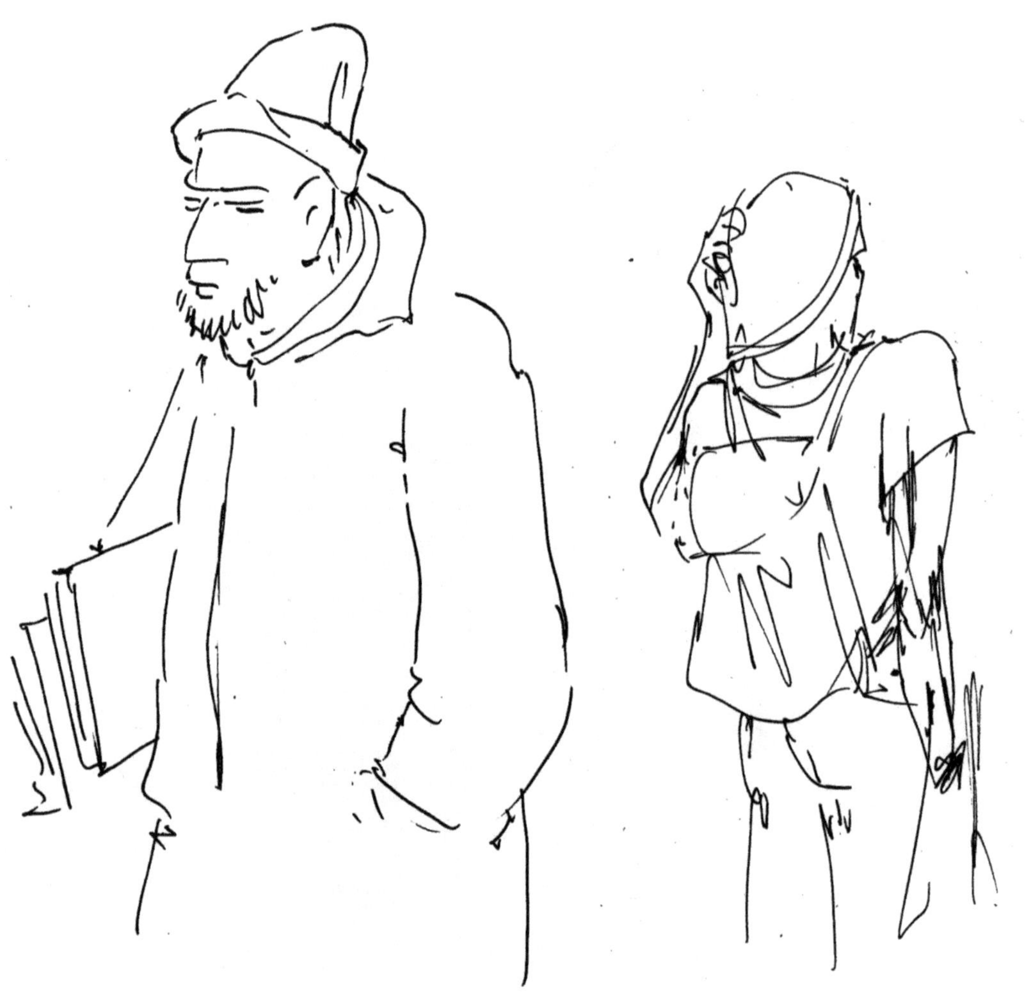

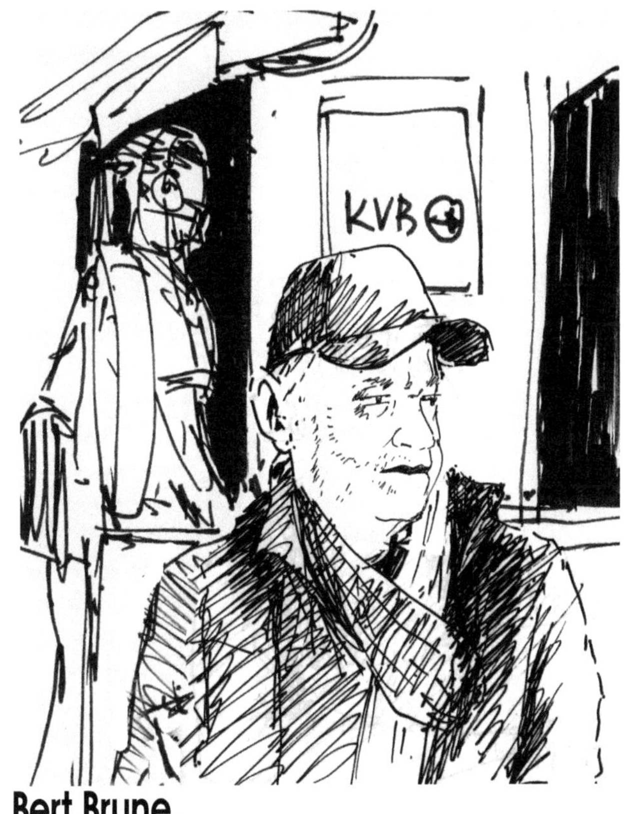

Herstellung und Verlag:
BoD- Books on Demand,
Norderstedt
ISBN 978-3-7431-7549-2

Bert Brune,

Schriftsteller.

Zuletzt erschienene Bücher (im Roland Reischl Verlag):
„Eine Runde um den Block", Erzählungen, 2009; „Rheinwärts",
Wandergeschichten, 2010; "Der Stadtwanderer", Prosa und
Lyrik, 2015; „Der Traum vom Blockhaus", Erzählung, 2016,
in „Wir Wolkensteiner" (Brune, Döring, Schüssler), S. 10-137

Jahangir Dermani,

Inhaber der **Comicwerkstatt Mooli,**
arbeitet als Cartoonist und
Trickfilmmacher.
Geboren in Teheran, Iran.
Er studierte Kunstmalerei (1979-1985)
und war Illustrator, Cartoonist und
Animator bei vielen Zeitungen,
Magazinen und Trickfilmstudios-
(1986-1998).
In Deutschland hat er als
Trickfilmzeichner bei Cartoon- Film
Berlin an zwei Animationsfilmen,
"Kleine Eisbär II" und "Lauras Stern",
mitgearbeitet.
Er war Comic-Zeichner und Illustrator bei der
Rotenburger Rundschau (1999-2000) und der Kölnischen
Rundschau (2002-2005).
Buchveröffentlichungen: **„Hapoo und sein Buch"**, als Comicbuch,
2017; und „Farsi Basic", ein Illustriertes Lehrsprachbuch, 2016.
Trickfilm: "Mooli, the X"(Mooli die Echse), 1Min, 2012; ….